T0161164

INTRODUCTION À
LA PHILOSOPHIE CHRÉTIENNE

BIBLIOTHÈQUE DES TEXTES PHILOSOPHIQUES

Fondateur H. GOUHIER   Directeur J.-F. COURTINE

Étienne GILSON

INTRODUCTION À
LA PHILOSOPHIE CHRÉTIENNE

Présentation et bibliographie choisie de
Thierry-Dominique HUMBRECHT O.P.

Deuxième édition augmentée

PARIS
LIBRAIRIE PHILOSOPHIQUE J. VRIN
6, Place de la Sorbonne, V e
2011

*La révision de ce deuxième tirage (2011) a été assurée
par Marie de l'Assomption O.P.
et son groupe de Lectures gilsoniennes.
Elle comporte les corrections de quelques fautes matérielles
incluses dans l'édition originale de 1960.*

© *Librairie Philosophique J. VRIN,* 1960, 2007
2011 pour la présente édition
Imprimé en France

ISSN 0249-7972
ISBN 978-2-7116-1922-1

www.vrin.fr

ÉTIENNE GILSON (1884-1978)
ET LA PHILOSOPHIE CHRÉTIENNE

L'*Introduction à la philosophie chrétienne* parut en 1960 et n'est rééditée qu'à ce jour[1]. Son éclipse est d'autant plus étrange que son intérêt reste vif chez les lecteurs de Gilson.

Une telle étrangeté mérite d'être interrogée. Elle pourrait s'expliquer par les paradoxes qui semblent habiter les projets du livre. Celui-ci n'est pas une introduction mais l'épure d'un maître; la « philosophie chrétienne » exposée ici est en réalité celle de Thomas d'Aquin; et celle-ci est comprise comme Gilson la comprend. En outre, en 1960, le débat sur le statut de la « philosophie chrétienne » a perdu de son actualité. De plus, les esprits philosophiques sont alors occupés à de tout autres notions, pour le moins étrangères au christianisme, à la métaphysique, au médiévisme, et même à la philosophie au sens classique du terme (au profit notamment des sciences humaines ou bien de la *praxis*). Inactuel à son époque, comme Gilson lui-même et ce qu'il pouvait représenter, ce livre paraît avec le recul le manifeste d'une décision philosophique, historique et religieuse, d'un homme parvenu à sa maturité, conscient de son prestige mais aussi de l'évolution, qu'il juge plutôt néga-

---

1. Ét. Gilson, *Introduction à la philosophie chrétienne*, Paris, Vrin, 1960[1].

tive, des idées de son temps[1]. L'*Introduction à la philosophie chrétienne* se présente comme la quintessence du «gilsonisme», essence qui n'a d'autre réalité que d'être un livre limpide, écrit d'une seule coulée, signant un «acte d'être» suprêmement gilsonien, bref, une sorte de testament. Gilson est ainsi expliqué par lui-même mais pas pour lui-même, intemporel mais, au sens plein du terme, actuel. Sur l'un des exemplaires de 1960, la dédicace au stylo est ainsi libellée: «Au R.P. Labourdette o.p., ce devoir d'un vieil élève. Ét. Gilson»[2]. Le vieil élève a 76 ans – mais il a encore 18 ans à vivre – et se croit obligé de commettre ce «devoir», après le *Thomisme* et l'*Être et l'essence* (pour ne citer que les deux œuvres-phare qui sont consubstantielles à celui-ci). D'où vient cette nécessité si peu nécessaire?

Trois questions se présentent, qui pourraient éclairer la lecture de l'*Introduction*: 1) Le débat sur la «philosophie chrétienne»; 2) L'évolution de Gilson; 3) Les thèmes de ce livre.

Le débat sur la « philosophie chrétienne »

L'expression «philosophie chrétienne» n'est pas de Gilson, comme elle n'est pas davantage de Thomas d'Aquin[3].

---

1. On connaît la sévérité de Gilson sur ces dérives et celles qui affectent, parallèlement, la pensée et la théologie chrétiennes. Il interprète celles-ci comme un déclin culturel: «Le désordre envahit aujourd'hui la Chrétienté; il ne cessera que lorsque la Dogmatique aura retrouvé son primat naturel sur la pratique», dans Ét. Gilson, *Les tribulations de Sophie*, Paris, Vrin, 1967, Préface, p. 13.

2. Le P. Marie-Michel Labourdette (1908-1990), Dominicain de la province de Toulouse, fut professeur de théologie morale, directeur de la *Revue thomiste* et expert au Concile Vatican II.

3. Sur la place de la «philosophie chrétienne» chez Gilson: la bibliographie proposée par M. McGrath, *Étienne Gilson, A Bibliography*, Toronto, Pontifical

Gilson a mené à son sujet une enquête lexicographique[1]. Il trouve un emploi chez saint Augustin, plusieurs chez Érasme, un chez Suarez, etc. Néanmoins, c'est le XIXe siècle qui en fait usage. D'un côté, on trouve Feuerbach et sa dénonciation de l'idée de philosophie chrétienne, qui n'a pas plus de sens que celles de mathématique chrétienne, de botanique chrétienne ou de médecine chrétienne. Gilson note que la « critique de Feuerbach s'adresse souvent à d'absurdes, mais réels, systèmes de mathématiques chrétiennes, de botanique chrétienne et même de médecine chrétienne (…); c'est ce qui en excuse, dans une certaine mesure la violence : tous les torts ne sont pas de son côté »[2]. De l'autre, le courant chrétien de cette époque, dont un certain Henri Ritter[3], mais aussi Frédéric Ozanam[4], le père Lacordaire[5] et, bien entendu, l'Encyclique *Æterni Patris* de Léon XIII (4 août 1879)[6]. Celle-ci est une présentation du

Institute of Mediæval Studies, 1982, p. 92-106; G. Prouvost, « Jacques Maritain-Étienne Gilson : le dialogue de l'amitié et de la pensée (1923-1973) », dans *Jacques Maritain et ses contemporains*, B. Hubert et Y. Floucat (éd.), Paris, Desclée, 1991, p. 255-267; H. Bars, « Gilson et Maritain », *op. cit.*, p. 269-319; L. K. Shook, *Étienne Gilson*, Toronto, Pontifical Institute of Mediæval Studies, 1984, p. 198-201; F. A. Murphy, *Art and Intellect in the Philosophy of Étienne Gilson*, Columbia, University of Missouri Press, 2004, p. 103-108; A. Tat, « Le thomisme comme *philosophie chrétienne* chez Étienne Gilson et Claude Tresmontant », *Verbum* 6/2 (2004), p. 423-434; Ph. Secretan (éd.), *La philosophie chrétienne d'inspiration catholique*, Fribourg, Academic Press, 2006.

1. Ét. Gilson, « Notes bibliographiques pour servir à l'histoire de la notion de philosophie chrétienne », dans *L'esprit de la philosophie médiévale*, Paris, Vrin, 1943[2], p. 413-440.

2. *Op. cit.*, § 19, p. 421; *cf.* p. 3.

3. H. Ritter, *Histoire de la philosophie chrétienne*, Paris, Ladrange, 1843; cité par Gilson, *op. cit.*, § 20, p. 422.

4. A. F. Ozanam, *La philosophie chrétienne*, cité par Gilson, *op. cit.*, § 25, p. 423.

5. Cité par Gilson, *op. cit.*, § 26, p. 423.

6. Cité par Gilson, *op. cit.*, § 34, p. 425.

rôle de la philosophie chrétienne par rapport aux sciences, à la foi, à la théologie et aux autres philosophies. Avec l'articulation méthodologique par rapport à la foi, la subordination à la théologie mais aussi l'autonomie proclamée de la raison en son ordre, et la complémentarité de la raison et de la foi, la philosophie chrétienne apparaît une préparation à la foi et une défense de celle-ci contre les fausses philosophies. En outre, l'Encyclique promeut l'enseignement de Thomas d'Aquin comme celui du plus grand maître de la Scolastique. *Æterni Patris* va donc lancer le retour à la Scolastique (et même à plusieurs scolastiques, différentes entre elles : thomiste, scotiste, suarézienne…). Si bien que le XXᵉ siècle va être le théâtre de nouveaux débats.

Contre l'idée de « philosophie chrétienne », on trouve Harnack, Blondel, Laberthonnière, puis Bréhier et Heidegger ; pour elle, notamment, Maritain et Gilson[1]. Le cœur du débat en France se situe, comme on sait, au début des années 30. Il oppose les « contre », Émile Bréhier et Léon Brunschvicg en tête, et les « pour », Maritain et Gilson[2]. La position de Bréhier

---

1. *Cf.* le dossier de Gilson, *op. cit.*, p. 428-440. Si Gilson et Maritain ne se comprirent pas toujours, on relèvera cet hommage rapporté du premier au second, daté de juin 1939 : « Écoutez, Vrin, dit Gilson. Nous mettrons cent ans à nous rendre compte de ce que Maritain a fait pour nous. (…) De la part de Gilson, de tels compliments sont plutôt rares », *Étienne Gilson-Jacques Maritain, Correspondance 1923-1971*, G. Prouvost (éd.), Paris, Vrin, 1991, note p. 152.

2. Cf. *Bulletin de la société française de Philosophie* 31 (1931), Séance du 21 mars 1931, p. 59-72. On peut même dire que le débat oppose Bréhier à Gilson : A. Forest, « Deux historiens de la philosophie », dans *Étienne Gilson philosophe de la chrétienté*, J. Maritain *et alii* (dir.), Paris, Le Cerf, 1949, p. 31-51. *La philosophie chrétienne*, Juvisy, 11 septembre 1933, Société thomiste, Le Saulchoir-Le Cerf. J. Maritain, *De la philosophie chrétienne* (1933), dans *Œuvres complètes*, Fribourg-Paris, Éditions Universitaires-Éditions Saint Paul, 1982, t. V, p. 225-316. F. A. Murphy, « Correspondance entre É. Gilson et M.-D. Chenu : un choix de lettres (1923-1969) », *Revue*

est à la fois de fait et de droit. De fait, selon lui, le christianisme naissant n'a rien de philosophique[1]. De droit, il ne saurait y avoir de philosophie chrétienne car « la philosophie a pour substance le rationalisme, c'est-à-dire la conscience claire et distincte de la raison qui est dans les choses et dans l'univers »[2]. En outre, « En philosophie le tout c'est la méthode, la manière dont on voit les choses »[3]. La méthode distinguée de la doctrine est ici explicative du désintérêt de Bréhier pour l'influence du christianisme sur la philosophie. Si c'est à Bréhier que Gilson va chercher à répondre, le souci porté par Gilson à la « philosophie chrétienne » peut cependant être considéré comme antérieur (1925) à la prise de position de Bréhier (1927), comme le signale Henri Gouhier[4].

---

thomiste 105 (2005), p. 25-87. Quand Blondel traite la position de Gilson « d'historicisme », Gilson réagit : « C'est la guerre qui recommence. C'est pourquoi je ne réponds pas » (Ét. Gilson à M.-D. Chenu, lettre du 14 février 1932, p. 29-30). *Journet-Maritain, Correspondance*, Fribourg-Paris, Éditions Universitaires-Éditions Saint Paul, Paris, 1997, t. II, p. 134-286. Les lettres de 1931 et 1932 se font les témoins de ces débats : « Blondel a tout embrouillé. Gilson a une vue des choses un peu brutale mais à mon sens très juste » (J. Maritain à Ch. Journet, lettre du 24 juin 1932, p. 246).

1. É. Bréhier, « Y a-t-il une philosophie chrétienne ? », *Revue de Métaphysique et de Morale*, avril-juin 1931, p. 133-162 ; *Histoire de la philosophie, I. Antiquité et Moyen Âge*, Paris, PUF, 1931[1], 1985[3], p. 436-437. « Il n'y a pas en tout cas, pendant ces cinq premiers siècles de notre ère, de philosophie chrétienne propre impliquant une table des valeurs intellectuelles foncièrement originale et différente de celles des penseurs du paganisme » (p. 436). « Nous espérons donc montrer (…) que le développement de la pensée philosophique n'a pas été fortement influencé par l'avènement du christianisme, et, pour résumer notre pensée en un mot, qu'il n'y a pas de philosophie chrétienne ».

2. *Bulletin…, op. cit.*, p. 49, cité par A. Forest, art. cit., p. 47.

3. *Ibid.*, p. 73, cité par A. Forest, art. cit., p. 49.

4. H. Gouhier, « Étienne Gilson et la notion de philosophie chrétienne », dans *Étienne Gilson. Trois essais : Bergson. La philosophie chrétienne. L'art*, Paris, Vrin, 1993, p. 44.

Pour Gilson, il s'agit d'une évolution personnelle qui le conduit à adopter le terme de « philosophie chrétienne ». Dans *Christianisme et philosophie*, il écrit : « On me reproche de "m'acharner" à maintenir l'expression de philosophie chrétienne, m'excusera-t-on de demander simplement pourquoi l'on s'acharne à l'éliminer ? Mes raisons personnelles n'ont rien de secret : elles tiennent à une histoire, qui est brève et si simple que je vais la dire sans espérer qu'on veuille la croire. J'ai écrit le premier volume de l'*Esprit de la philosophie médiévale*, de ce qui en est devenu le chapitre III jusqu'à la fin, sans penser à la notion de philosophie chrétienne ; c'est alors que je l'ai rencontrée et comme elle me semblait donner une unité à la philosophie que j'étais en train de décrire, j'ai écrit sur cette notion les deux premiers chapitres. J'étais assez content de ma découverte, lorsqu'en étudiant ensuite les documents relatifs à cette notion, et rencontrant l'Encyclique *Æterni Patris* que j'avais totalement oubliée, je me suis aperçu que ce que j'étais en train de prouver en deux volumes, vingt leçons et je ne sais combien de notes, était exactement ce que cette Encyclique aurait suffi à m'enseigner, y compris l'interprétation même de la philosophie médiévale que je proposais. Je fus, je l'avoue, plutôt humilié par cette aventure » [1].

Retenons en premier lieu l'importance de la « découverte » qui institue dans l'esprit de Gilson, selon Gouhier, « un avant et un après » [2]. L'après a un effet rétroactif sur l'avant, tant Gilson s'aperçoit qu'il faisait jusque-là de la philosophie chrétienne sans le savoir. En second lieu, n'est pas moins

---

1. Ét. Gilson, *Christianisme et philosophie*, Paris, Vrin, 1936[1], 1949[2] (réimpression), p. 129. *Cf.* C. J. Edie, « The writings of Étienne Gilson, chronologically arranged », dans *Mélanges offerts à Étienne Gilson*, Toronto-Paris, Vrin, 1959, p. 15-58 ; p. 38.

2. H. Gouhier, *op. cit.*, p. 46.

important le rattachement de cette philosophie chrétienne à l'Encyclique de Léon XIII. Gilson continue : « il m'apparut en effet immédiatement que n'importe qui pourrait désormais prouver, selon les règles infaillibles de la "méthode critique", que mes deux volumes étaient de simples livres d'apologétique, sans valeur scientifique propre, une sorte de commentaire historique de l'Encyclique *Æterni Patris*. Je me chargerais au besoin de le faire ; si on le fait, je n'aurai rien à répondre, sinon que les choses se sont passées autrement. On comprendra peut-être du moins que je ne sois pas prêt d'oublier l'aventure. Cette notion de philosophie chrétienne, que j'avais eu tant de peine à retrouver dans les faits et dont mon collègue M. É. Bréhier m'avait remis le nom en mémoire, en niant qu'elle existât, elle s'était pourtant imposée à moi au terme d'une longue recherche, dont un peu d'attention aux enseignements de l'Église eût pu me dispenser. Je pense pas avoir mis trop de zèle à la maintenir (…) » [1].

En réalité, le Gilson des années de débat sur la philosophie chrétienne (1925-1936) avait si bien « totalement oublié » l'Encyclique, que le Gilson de 1960 confesse qu'il ne l'avait jamais lue. Dans le *Philosophe et la théologie*, parlant de lui-même comme de « l'historien » qui se servait de la notion « comme d'une étiquette commode », il ajoute : « Il découvrit alors que, cinquante ans auparavant, le pape Léon XIII avait écrit l'Encyclique *Æterni Patris* pour en éclairer et en fixer le sens. Il ne l'avait donc jamais lue ? Non, jamais, et il l'avoue à sa honte, mais l'histoire ne suit que bien rarement la ligne du vraisemblable, qui est celle du roman, plutôt que celle du vrai, qu'elle croit être la sienne. Il faut d'ailleurs savoir qu'à cette époque les philosophes ne faisaient pas des encycliques ponti-

---

1. Ét. Gilson, *Christianisme et philosophie*, *op. cit.*, p. 129-130.

ficales leur lecture habituelle »[1]. Le problème est, pour Gilson, comme pour Bréhier, celui du fait et du droit. Pour Gilson, la « philosophie chrétienne » existe historiquement et notionnellement, comme il s'attache à le montrer dans l'*Esprit de la philosophie médiévale* et dans *Christianisme et philosophie* : « À moins donc d'apporter la preuve historique que cette influence [chrétienne sur la philosophie] ne s'est jamais exercée, on n'a pas le droit d'interdire à l'historien d'user de cette formule pour nommer les effets qu'elle a produits. On n'a même pas le droit d'objecter que si une "philosophie chrétienne" est impossible en soi, elle ne peut pas être objet d'histoire, car nos concepts doivent se régler sur leurs objets, et si l'histoire montre qu'il y a eu des philosophies chrétiennes, c'est donc que la notion même de philosophie chrétienne est possible. Il se peut qu'elle soit inconcevable en soi du point de vue de la philosophie, mais philosophie n'est pas le tout de la pensée »[2].

De ce fait, les chapitres I et II de l'*Esprit de la philosophie médiévale* posent les problèmes du fait et du droit : « Le problème de la philosophie chrétienne » puis « La notion de philosophie chrétienne »[3]. Semblant d'abord poser que la philosophie chrétienne est une expression naturelle[4], semblant

---

1. Ét. Gilson, *Le philosophe et la théologie*, Paris, Fayard, 1960[1]; Vrin, 2005[2], p. 161-162.

2. Ét. Gilson, *Christianisme et philosophie*, *op. cit.*, p. 117. De même, p. 141 : « On nous fera difficilement croire que ce qui fait qu'une philosophie soit vraie, l'empêche d'être une vraie philosophie. C'est en se paganisant que la nature se perd, comme c'est en se christianisant qu'elle se sauve (...) ».

3. Ét. Gilson, *L'esprit de la philosophie médiévale*, *op. cit.*, p. 1-38.

4. *Ibid.*, p. 1 : « Il n'est pas d'expression qui vienne plus naturellement à la pensée d'un historien de la philosophie médiévale que celle de philosophie chrétienne ».

ensuite faire sienne la remarque de Feuerbach[1], Gilson passe en revue les lieux d'imprégnation du christianisme sur les philosophes et sur la philosophie, et conclut sur le fait : « il devient infiniment probable que la notion de philosophie chrétienne a un sens, parce que l'influence du christianisme sur la philosophie est une réalité »[2]. La question de droit, il la formule ensuite en disant : « Ce que se demande simplement le philosophe chrétien, c'est si, parmi les propositions qu'il croit vraies, il n'en est pas un certain nombre que sa raison pourrait savoir vraies »[3]. Ou bien : « Il n'y a pas de raison chrétienne, mais il peut y avoir un exercice chrétien de la raison »[4]. Il conclut sa réflexion ainsi : « J'appelle donc philosophie chrétienne *toute philosophie qui, bien que distinguant formellement les deux ordres, considère la révélation chrétienne comme un auxiliaire indispensable de la raison* »[5]. Cet ensemble d'écrits porte la marque du débat avec Bréhier. Lors de la séance de 1931, Gilson donne cette caractérisation de sa recherche : « Ce que je cherche dans la notion de philosophie chrétienne, c'est une traduction conceptuelle de ce que je crois

1. *Ibid.*, p. 3 : « L'expression de "philosophie chrétienne", dont on use, n'est cependant en rien moins absurde et la seule chose à faire est donc de l'abandonner ».

2. Ét. Gilson, *L'esprit de la philosophie médiévale*, *op. cit.*, p. 15.

3. *Ibid.*, p. 31.

4. *Ibid.*, p. 11.

5. *Ibid.*, p. 32-33. À cette conception qu'il connaît bien pour avoir été le disciple de Gilson, Paul Vignaux (1904-1987) oppose la ligne d'un « certain rationalisme laïc » comme le signale R. Imbach, dans P. Vignaux, *Philosophie au Moyen Âge*, Paris, Vrin, 2004 (1958[1]), Avant-Propos, p. 19 ; de même, p. 27 : « À l'opposé de Gilson, qui, au terme de sa longue et fructueuse carrière scientifique, a plaidé pour une lecture théologique de l'histoire de la pensée médiévale, Vignaux a orienté la recherche dans une direction opposée en privilégiant une approche *philosophique* des textes théologiques ».

être un objet historiquement observable, la philosophie dans son état chrétien »[1].

« La philosophie dans son état chrétien », telle est peut-être la meilleure définition cherchée d'une notion dont Gilson cherche à manifester la réalité et l'imbrication mutuelle de l'histoire et de la pensée. Il semble d'ailleurs que cette formule vienne de Maritain ; celui-ci en tout cas la reprend dans son livre *De la philosophie chrétienne*[2].

Bien entendu, le débat n'est pas que parisien, et l'on connaît la contribution outre-rhénane de Martin Heidegger : « Une "philosophie chrétienne" est du fer en bois et un malentendu »[3]. Cependant, à cette époque, Gilson ne connaît pas Heidegger. Sa confrontation fera l'objet d'un appendice à la réédition en 1962 de l'*Être et l'essence*, texte remarquable, lui aussi, pour son époque, dans un débat qui déborde les limites de la philosophie chrétienne[4].

---

1. *Bulletin…*, *op. cit.*, p. 72, cité par H. Gouhier, *op. cit.*, p. 41 et 53.

2. Lettre de Gilson à Maritain du 21 avril 1931 : « La philosophie chrétienne c'est bien, selon vos expressions, *la "philosophie"* dans son *état* chrétien. Je reprendrai tout cela dans mes conclusions, lorsque j'aurai derrière moi l'ensemble de mon enquête ». *Étienne Gilson-Jacques Maritain, Correspondance 1923-1971*, *op. cit.*, p. 59. J. Maritain, *De la philosophie chrétienne*, *op. cit.*, chap. III, p. 245-246.

3. M. Heidegger, *Introduction à la métaphysique*, trad. fr. J. Beaufret, « Sur la philosophie chrétienne », dans *Étienne Gilson et nous : la philosophie et son histoire*, M. Couratier (éd.), Paris, Vrin, 1980, p. 93. L'édition française courante de l'*Introduction* de Heidegger a francisé la comparaison : « Une "philosophie chrétienne" est un cercle carré et un malentendu », G. Kahn (éd.), Paris, Gallimard, 1967, p. 20.

4. Ét. Gilson, *L'être et l'essence*, Paris, Vrin, 1962², p. 352-357 et 365-377. *Cf.* J.-F. Courtine, « Gilson et Heidegger », dans *Étienne Gilson et nous…*, *op. cit.*, p. 103-116.

L'évolution de Gilson

Gilson était arrivé à la philosophie chrétienne, lui-même le dit, par l'histoire de la philosophie médiévale, et non par la doctrine ni même par Léon XIII[1]. Le débat des années 30 portait sur la justification de l'idée de «philosophie chrétienne» et sur son extension historique et conceptuelle. Il fallait montrer son droit à exister par des siècles d'influence sur de nombreux auteurs.

Toutefois, l'extension n'excluait pas un point de référence, celui-là même que désignait à l'attention l'Encyclique *Æterni Patris*: la référence à saint Thomas. Dès cette époque, Gilson, en recevant l'Encyclique, tardivement lue et même pas du tout, comme on l'a vu, déclarait recevoir aussi cette primauté de Thomas sur la philosophie chrétienne elle-même. L'argument fondateur était le traitement propre à cet auteur de la raison, subordonnée à la foi et cependant autonome et féconde en son ordre. Le rapport de la raison et de la foi est le souci du Gilson de la 3e édition du *Thomisme*, en 1925[2].

Si Gilson était mort vers 55 ans, soit à la fin les années 1930, il passerait à nos yeux pour un médiéviste ayant étudié Thomas d'Aquin, mais aussi nombre d'autres auteurs d'importance comparable: Bonaventure (1924), Augustin (1929), Bernard de Clairvaux (1934), sans compter le point de départ cartésien de sa venue au Moyen Âge[3]. C'est dans

---

1. «Une fois de plus, c'est à Clio que nous sommes redevables d'avoir retrouvé, beaucoup plus tard, cette notion alors tombée dans l'oubli»: Ét. Gilson, *Le philosophe et la théologie, op. cit.*, p. 159.

2. Ét. Gilson, *Le Thomisme*, Paris, Vrin, 3e éd. (1925), p. 8-11.

3. *Cf.* Ét. Gilson, *La philosophie de saint Bonaventure*, Paris, Vrin, 1943[2], p. 396. Gilson, dans les dernières lignes de ce livre, compare Thomas et Bonaventure comme deux philosophies chrétiennes différentes et complémen-

les années suivantes que Gilson accentue sa référence au thomisme et, cela, pour des raisons proprement spéculatives. La découverte en 1942 de l'*acte d'être* (*actus essendi*) thomasien le ravit et devient désormais son cheval de bataille[1]. D'une part, il y voit ce qui fait l'originalité de Thomas et, d'autre part, l'une des raisons majeures de se dire thomiste. L'originalité de Thomas dans l'acte d'être, il la magnifie dans l'*Être et l'essence* (1948)[2]. La raison majeure de se dire thomiste, Gilson la lit dans l'Encyclique *Æterni Patris*. Celle-ci, d'abord considérée dans son extension, lorsqu'en 1933 Gilson dit qu'est philosophie chrétienne « la philosophie qui accepte l'action régulatrice du dogme chrétien »[3], l'est ensuite dans sa profondeur, c'est-à-dire dans son rattachement à saint Thomas, certes proclamé dès le début, mais de plus en plus cristallisé sur lui. En 1960, les premiers mots du présent livre, l'*Introduction à la philosophie chrétienne*, sont : « Par "philosophie chrétienne", on entendra la manière de philosopher que le pape Léon XIII a décrite sous ce titre dans l'Encyclique *Æterni Patris* et dont il a donné pour modèle la

taires. Elles « se complètent comme les deux interprétations les plus universelles du christianisme, et c'est parce qu'elles se complètent qu'elles ne peuvent ni s'exclure ni coïncider ».

1. *Le Thomisme*, 4e éd. (1942), inaugure cette période. *Cf.* S.-Th. Bonino, « Pluralisme et théologisme, deux aspects doctrinaux de la correspondance Gilson-Labourdette », dans *Autour d'Étienne Gilson*, *Études et documents*, *Revue thomiste* 104/3 (1994), p. 533-534. Cite *Le philosophe et la théologie*, *op. cit.*, p. 184 : « Il est néanmoins troublant de constater que l'on a pu soi-même lire et enseigner la doctrine de saint Thomas pendant des années sans avoir compris le sens vrai qu'avait pour lui la notion d'être, dont, en philosophie, tout dépend. Pendant combien de temps ai-je pu tourner autour sans la voir? Vingt ans peut-être ».

2. Ét. Gilson, *L'être et l'essence*, Paris, Vrin, 1948[1], 1962[2].

3. *La philosophie chrétienne*, Journée de Juvisy du 11 septembre 1933, *op. cit.*, p. 64.

doctrine de saint Thomas d'Aquin »[1]. De ce fait, l'exposé de l'*Introduction* ne s'attache plus à défendre le fait ni le droit de la « philosophie chrétienne », ni à brosser un tableau des philosophes chrétiens, mais à dégager les intuitions les plus vigoureuses de la métaphysique de saint Thomas d'Aquin : « On a voulu ici mettre en pleine lumière les notions fonda-mentales et, en quelque sorte, thomistes de naissance, qui permettent seules de comprendre l'usage que saint Thomas fait des autres »[2]. Ce qui ne veut pas dire non plus que Gilson réduise toute philosophie chrétienne au thomisme[3]. En revanche, lui-même n'hésite pas à se dire thomiste, même s'il sait se condamner à la hargne de ceux qui ne le sont pas et aussi de ceux qui le sont. Avec sa verve étincelante, il en décrit les avatars respectifs dans « L'art d'être thomiste »[4].

En est-on conduit à parler d'une évolution de Gilson ? Il convient de rester aussi mesuré que Gilson lui-même à propos

---

1. *Introduction à la philosophie chrétienne*, p. 33.

2. *Ibid.*, p. 35.

3. Voir la discussion qu'il mène à ce sujet dans *Le philosophe et la théologie*, *op. cit.*, p. 164-178. Il s'agit d'une « manière chrétienne » de philosopher dont Thomas est « le modèle et la règle » (p. 177).

4. *Le philosophe et la théologie*, *op. cit.*, chap. X, p. 179-192. Où l'on verra en outre que Thomas ne se réduit ni à ses commentateurs ni à Aristote. La détes-tation en laquelle Gilson tient Cajetan, illustre commentateur de Thomas au XVIᵉ siècle, apparaît notamment dans sa correspondance, dans les *Lettres de monsieur Étienne Gilson au père de Lubac*, Paris, Le Cerf, 1986, par exemple p. 20, où Cajetan est accusé par Gilson de « camoufler la doctrine authentique du maître. Disons plutôt, à l'émasculer » (lettre du 8 juillet 1956). L'idée d'émasculation du thomisme de l'*esse* par Cajetan est reprise dans Ét. Gilson, « Éléments d'une métaphysique thomiste de l'être », *AHDLMA*, XL (1973), p. 34-35. De même, *Étienne Gilson-Jacques Maritain, Correspondance 1923-1971*, *op. cit.*, p. 188 : « Une chose du moins est claire dans mon esprit : le pire ennemi de saint Thomas, même dans l'Ordre Dominicain, a été Aristote, dont Cajétan est le prophète » (lettre du 6 avril 1953).

de ce genre d'appréciations : « Que de pseudo-révolutions doctrinales n'a-t-on pas imaginées pour avoir compris comme des changements de sens ce qui n'était que des changements de perspectives imposés aux mêmes notions par les exigences d'un nouveau problème ! » [1]. Parler d'approfondissement, c'est donner la raison de cet approfondissement, qui est la découverte par Gilson de ce que Thomas a de spécifique et partant d'universel. D'un côté, « c'est en cette entreprise que s'acquiert et se parfait l'art d'être thomiste : philosopher, comme seul un chrétien peut le faire, dans la foi » [2]. De l'autre, « Il y a en outre des raisons majeures pour que cette norme doctrinale soit la théologie de saint Thomas. La principale de ces raisons, parlant en philosophe chrétien et dans la perspective de la philosophie chrétienne, est que la métaphysique de saint Thomas d'Aquin repose sur une conception du premier principe telle que, satisfaisant aux exigences de la révélation la plus littéralement entendue, elle assigne du même coup à la métaphysique l'interprétation la plus profonde de la notion d'être qu'aucune philosophie ait jamais proposée » [3].

De même qu'il y a le Gilson des années 30, celles du débat sur la « philosophie chrétienne », il y a celui des années 60, celles de « l'art d'être thomiste », au moment le plus inopportun de le rester. *Le philosophe et la théologie* (1960), *Le Thomisme* (6ᵉ éd. de 1964) et l'*Introduction* (1960) se répondent.

1. *Le philosophe et la théologie, op. cit.*, p. 190.

2. *Ibid.*, p. 191 ; T.-D. Humbrecht, « Thomisme et antithomisme selon Étienne Gilson », *Revue thomiste* 108 (2008/2), p. 327-366.

3. *Ibid.*, p. 209. « Et que dire du principe lui-même ? N'y a-t-il plus de place pour un nouvel approfondissement de la notion d'être ? Je l'ignore. Si j'en voyais un, je dirais lequel » (p. 210). Pour une reprise développée de ces positions, voir l'Introduction du *Thomisme*, 6ᵉ éd. (1964), *op. cit.*, p. 9-45.

Les thèmes de ce livre

Un livre de Gilson aussi concentré et ciselé que celui-ci n'a pas besoin d'éclaircissements. Il suffit de signaler au lecteur combien l'exposé de l'*Introduction à la philosophie chrétienne* est la mise en œuvre des principes que Gilson a établis.

Cependant, le livre est sommé de justifier son existence face au relatif oubli où il semble plongé. Outre son absence sur l'étal des libraires français, il est l'angle mort des biographes gilsoniens d'Outre-Atlantique, Laurence Shook en 1984 et Francesca Murphy en 2004[1]. Ces derniers ont l'attention davantage rivée au Gilson publié en anglais, de même que, symétriquement, nous autres francophones connaissons trop peu celui-ci, pourtant d'une importance incontestable pour la connaissance de l'œuvre et de la maturation de la pensée du grand médiéviste[2]. Surtout, ces auteurs peuvent se réclamer de deux ouvrages qui ont pu dérober à leurs yeux l'*Introduction*. Le premier est intitulé *God and Philosophy*, dont il n'existe pas d'équivalent français mais auquel l'*Introduction* ressemble[3]. Le second est *Elements of Christian Philosophy*[1].

---

1. L. K. Shook, *Étienne Gilson*, op. cit., p. 345 *sq.* F. A. Murphy, *Art and Intellect in the Philosophy of Étienne Gilson*, *op. cit.*, sauf une allusion p. 308, note 48. On doit aussi à celle-ci la publication de la «Correspondance entre É. Gilson et M.-D. Chenu : un choix de lettres (1923-1969)», *Revue thomiste* 105/1 (2005), p. 25-87. De même, la correspondance de Maritain avec Journet ne parle pas du livre : *Journet-Maritain, Correspondance*, t. V (1958-1964), Saint-Augustin, 2006, p. 337 *sq.*

2. Par exemple, l'édition anglaise *History of Christian Philosophy in the Middle Ages*, London, Sheed and Ward, 1955, est davantage «gilsonisée» sur l'exposé consacré à saint Thomas que la version française *La philosophie au Moyen Âge*, Paris, Payot, 1922[1] (mais la 2e éd., 1944, est augmentée) du fait de la découverte, dans les années 1942-1948, de l'acte d'être.

3. Ét. Gilson, *God and Philosophy*, Yale, University Press, 1941[1], 1969[2], de projet et de longueur comparables (mais pas identiques) à l'*Introduction*.

Daté de la même année que l'*Introduction*, beaucoup plus fouillé et volumineux, bâti selon un plan différent, il se présente comme un traité de métaphysique ou une reprise aménagée du *Thomisme*[2]. Il n'est pas exclu que l'*Introduction* soit la version allégée de ces deux ouvrages, sous la forme d'une dissertation et presque d'un manifeste. On note la reprise, tardive autant qu'assurée, de l'expression « *christian philosophy* », dans un exposé thomiste sans ambages[3].

Les thèmes de l'*Introduction* sont les suivants. Le chapitre I, « Philosopher dans la foi », reprend l'examen de ces vérités connues par la raison et pourtant révélées par Dieu, ce domaine du « révélable » que Gilson a étudié dans le *Thomisme*[4]. La rencontre du Dieu de la philosophie et de celui de la Bible n'est cependant ni juxtaposition ni confusion[5]. Gilson retrouve ainsi ce qu'il a appelé la « Métaphysique de l'Exode » à propos du « Je Suis », révélation par Dieu de son nom dans *Exode* 3, 14[6].

Le chapitre II, « La cause de l'être », articule Dieu et les êtres dans la reprise christianisée de la participation platonicienne. Il se fait aussi le témoin de la découverte par Gilson de

1. Ét. Gilson, *Elements of Christian Philosophy*, New York, Doubleday & Company, Inc., 1960. *Cf.* H. Gouhier, *op. cit.*, p. 59-61.

2. 358 pages, avec notes ; il étend l'étude, non seulement à la révélation et à l'enseignement chrétien, à Dieu, à l'être, à la causalité, mais aussi à l'homme.

3. Dans la bibliographie d'*Elements of Christian Philosophy*, Gilson se cite lui-même mais pas l'*Introduction*, ce qui peut signaler la postériorité de la rédaction de celle-ci.

4. *Le Thomisme*, 6ᵉ éd. (1964), *op. cit.*, p. 16 *sq.* Sur le révélable, *cf.* aussi F. A. Murphy, « Correspondance entre É. Gilson et M.-D. Chenu… », art. cit., p. 47-49 (lettre de Gilson du 5 février 1942).

5. *Introduction…*, p. 44 : « Si Yahvé est le Premier Moteur, le Premier Moteur n'est pas Yahvé ».

6. Ét. Gilson, *L'esprit de la philosophie médiévale…*, note 1, p. 50 : « S'il n'y a pas de métaphysique *dans* l'Exode, il y a une métaphysique *de* l'Exode ».

l'étonnante page de saint Thomas consacrée aux étapes historiques de la saisie de l'être. L'invention de « l'être en tant qu'être » revient non à Platon ni à Aristote mais à « d'autres », à savoir, Avicenne et Averroès (bien qu'ils ne soient pas nommés), parce qu'elle suppose l'idée de création[1]. Celle-ci est à la philosophie chrétienne sa réponse, comme l'est à Heidegger l'idée grecque d'origine radicale des choses[2].

Le chapitre III, « Celui qui Est », présente l'être de Dieu et la manière négative d'en parler, l'identité en Dieu d'être et d'essence, l'acte pur d'être de Dieu.

Le chapitre IV, « Au-delà de l'essence », prolonge ce thème en marquant l'impossibilité de concevoir Dieu comme une essence, dans un concept, de telle sorte que l'être de Dieu « nous reste ici-bas inconnu ». Comme dit Gilson, visant notamment les thomistes de l'époque baroque, « Cette parole est dure et beaucoup refusent d'y consentir »[3]. Cependant, « l'homme peut former, au sujet de Dieu, des propositions affirmatives qui sont vraies »[4]. Gilson laisse parfois son lecteur, dans telle ou telle de ses œuvres, sur la question de savoir si l'être divin est identique à son essence ou si l'être absorbe l'essence, tant celle-ci n'apparaît que comme une limite (négative), et non pas aussi une détermination (positive)[5]. L'identité de l'essence et de l'être en Dieu, c'est

1. Thomas, *Somme de théologie*, Ia, qu. 44, a. 2; *De Potentia*, qu. 3, a. 5. *Cf.* Ét. Gilson, *L'esprit de la philosophie médiévale*, *op. cit.*, note 1, p. 69-71. *Le Thomisme*, 6ᵉ éd., *op. cit.*, p. 155 et 173.

2. *Cf.* J. Beaufret, « Sur la philosophie chrétienne », art. cit., p. 95.

3. *Introduction...*, p. 81.

4. *Ibid.*, p. 77. *Cf.* aussi p. 87 : « C'est ce que saint Thomas nomme, avec Denis (*sic*), la théologie négative ».

5. *Ibid.*, p. 76 : « Inversement, puisqu'il est l'acte pur d'être, l'*esse* même (*ipsum esse*) sans aucune essence qui le limite, Dieu est infini en vertu de sa notion même ». Pourtant, p. 80 : « Saint Thomas évite une fois de plus de dire

« cette vérité sublime » que Dieu a enseignée à Moïse dans l'Exode [1].

Les chapitres V, « Au-delà des ontologies » et VI, « La vérité fondamentale », développent cet apport de Thomas à la métaphysique, ce que le *Thomisme* appelle « La réforme thomiste » [2].

Il en va de même du chapitre VII, « La clef de voûte ». Gilson y montre comment la notion de l'être de Thomas ne va pas sans sa notion de Dieu ni sans celle de sa théologie. La métaphysique thomasienne de l'être est la clef de voûte de sa pensée [3].

---

que Dieu n'a pas d'essence ; comme toujours, il identifie l'essence de Dieu, et sa subsistance même, à son être : *est ipsum esse subsistens* (EE., V) mais, dans ce cas unique, l'essence étant l'être même, elle est au-dessus de l'intellection ». *Cf.* Ét. Gilson, « Éléments d'une métaphysique thomiste de l'être », art. cit., p. 7-36 : « Dieu n'a pas de quiddité sinon son être » ; « Son être lui tient lieu d'essence » ; « Libre de toute limitation quidditative, l'être divin est le maximum d'actualité positive et réellement existante ». Cf. *L'être et l'essence*, *op. cit.*, p. 114-116. De même, *Le Thomisme*, 6ᵉ éd., *op. cit.*, p. 110, note 28 : « C'est l'*esse* qui absorbe l'essence ». Ces déclarations qui semblent radicales sont tempérées par d'autres, dont celles-ci au même endroit : « À notre connaissance du moins, saint Thomas n'a jamais dit que Dieu n'a pas d'essence, mais, plutôt, que son essence est son être » (*ibid.*, p. 109-110). Gilson a pu parfois se laisser emporter par sa réhabilitation de l'acte d'être (*esse*) vis-à-vis de l'essence, ainsi que par la phrase de Thomas (en Ia, qu. 3, a. 4, corpus), selon laquelle l'être est à l'essence ce que l'acte est à la puissance ; mais, ajoute Thomas, c'est le cas lorsque l'être est distinct de l'essence, ce qui n'est pas le cas de Dieu, et de Dieu seul (« Oportet igitur quod ipsum esse comparetur ad essentiam quæ est aliud ab ipso, sicut actus ad potentiam »).

1. « Hanc autem sublimem veritatem », Thomas, *Somme contre les Gentils* I, 22, citée par Ét. Gilson, *Le Thomisme*, 6ᵉ éd., *op. cit.*, p. 110-111.

2. *Le Thomisme*, 6ᵉ éd., *op. cit.*, p. 153.

3. *Cf.* Ét. Gilson, *Constantes philosophiques de l'être*, Paris, Vrin, 1983, p. 12 : « Le métaphysicien n'a pour ainsi dire jamais le sentiment de découvrir quelque chose de nouveau ; il éprouve plutôt l'impression que la vérité qui est

Les chapitres VIII, IX et X en sont les conséquences, qui exposent l'action créatrice de Dieu (VII : « Causalité et participation »), la structure des êtres (IX : « L'être et les essences ») et la finalité (X : « L'être, l'acte et la fin »). Chacun d'entre eux est traversé par la prééminence de l'acte d'être, ce qui est placé au cœur de tout étant et lui est le plus intime [1]. Selon Gilson, l'acceptation de cette idée de l'acte d'être est la condition pour se dire thomiste [2].

Fort de cette alliance qu'il juge nécessaire de la philosophie et de la théologie, Gilson conclut son ouvrage par un appel : « Rendez-nous la théologie telle qu'elle fut lorsqu'elle réalisa la perfection de son essence, car la philosophie chrétienne se condamne à mort dès qu'elle s'en sépare » [3]. Ce final rappelle ces lignes de « l'art d'être thomiste » : « C'est peut-être la seule raison légitime qu'on ait de se dire thomiste, il faut se sentir heureux de l'être et vouloir partager ce bonheur avec ceux qui sont faits pour lui. On prend conscience de

---

une découverte pour lui, puisque chacun doit la redécouvrir pour son propre compte, a toujours été là, sous les yeux de tous et que même ceux d'entre eux qui l'ont méconnue, parfois niée, en ont toujours fait usage ».

1. *Introduction...*, p. 193 : « La première de toutes est la notion d'être, et non pas, comme on a tendance à le croire, la notion d'acte. L'acte se comprend par l'être et non inversement ». *Cf.* p. 200 : « La notion philosophique de cause efficiente, conçue comme le pouvoir de produire un étant, appartient de plein droit à la philosophie chrétienne, exactement au même titre que la notion d'acte d'être, et pour la même raison, car tel est l'être, telle est la cause ».

2. *Introduction...*, p. 206 : « Ces vérités dépendent toutes d'une certaine notion de l'être, propre à saint Thomas, et hors de laquelle il n'est pas de thomisme vraiment digne de porter ce titre ».

3. *Ibid.*, p. 207. Ainsi orchestre-t-il son « retour à la théologie » lancé en 1950 à propos du Congrès de Rome où il fut pris à parti. *Cf.* « Correspondance Étienne Gilson-Michel Labourdette », H. Donneaud (éd.), *Autour d'Étienne Gilson, op. cit.*, p. 502.

l'avoir le jour où l'on découvre qu'on ne pourra plus vivre désormais sans la compagnie de saint Thomas d'Aquin. De tels hommes se sentent dans la *Somme de Théologie* comme des poissons dans la mer. Hors de là, ils sont à sec et n'ont de cesse qu'ils n'y retournent. C'est qu'ils y ont retrouvé leur milieu naturel, où la respiration leur est plus aisée et le mouvement plus facile. Au fond, c'est cela même qui entretient chez le thomiste cet état de joie dont l'expérience seule peur donner idée : il se sent enfin libre. Un thomiste est un esprit libre. Cette liberté ne consiste assurément pas à n'avoir ni Dieu ni maître, mais plutôt à n'avoir d'autre maître que Dieu, qui affranchit de tous les autres. Car Dieu est la seule protection de l'homme contre les tyrannies de l'homme » [1].

La philosophie chrétienne n'est donc pour Gilson ni l'ombre de la théologie, ni son usurpatrice, ni son nom laïc, mais la philosophie même « dans son état chrétien », dont l'actualité n'a d'égale que son attachement à Thomas d'Aquin.

Thierry-Dominique HUMBRECHT, o.p.

Note de l'éditeur

Nous donnons en marge la pagination de l'édition princeps.

---

1. *Le philosophe et la théologie*, *op. cit.*, p. 182.

INTRODUCTION À
LA PHILOSOPHIE CHRÉTIENNE

ABRÉVIATIONS

ST.   *Summa theologiæ*, partie, question, article

CG.   *De veritate catholicæ fidei contra Gentiles*, partie, chapitre, paragraphe selon la division du texte dans l'édition léonine

QDV.   *Quæstiones disputatæ de Veritate*, question, article

QDP.   *Quæstiones disputatæ de potentia*, question, article

DSC.   *Quæstiones de Spiritualibus creaturis*, article

EE.   *De ente et essentia*

MD.   Suarez, *Metaphysicæ disputationes*

PL.   Migne, *Patrologia latina*, volume et colonne

PG.   Migne, *Patrologia græca*, volume et colonne

Par « *philosophie chrétienne* », on entendra la manière de philosopher que le pape Léon XIII a décrite sous ce titre dans l'encyclique *Æterni Patris* et dont il a donné pour modèle la doctrine de saint Thomas d'Aquin.

Saint Thomas a été grandement loué, et jamais trop pour son mérite, mais pas toujours avec un exact discernement. Les critiques dirigées contre lui ont été vives, parfois brutales. Celles qu'inspirait un sincère amour du vrai n'ont fait aucun mal ; même quand elles étaient insuffisamment fondées, elles ont mis leurs lecteurs, parfois leurs auteurs mêmes, sur le chemin de la vérité. Les plus dommageables sont celles qui, passées en vérités reçues à force d'être répétées, obscurcissent le sens de la doctrine, en dénaturent la substance et détournent de son étude tant d'esprits dont elle pourrait devenir la nourriture, tant d'âmes auxquelles elle faciliterait peut-être les voies du salut.

| Entre ces critiques, il en est une qu'on oserait à peine 10 formuler, s'agissant d'un saint et d'un Docteur que l'Église a choisi comme patron de ses écoles et dont elle a recommandé la doctrine comme la règle et la norme de son propre enseignement en matière de théologie et de philosophie. On a

pourtant entendu dire de la théologie scolastique en général qu'elle était nuisible à la vérité chrétienne, parce qu'elle substitue la raison à la foi, la philosophie à la révélation, l'orgueil du savoir à la charité et à la piété qui sauvent. Saint Thomas a pris de ces reproches une part proportionnelle à son autorité théologique, ce qui n'est pas peu dire. Mais jamais objection ne s'est plus complètement trompée d'adresse. Chercher les origines de cette erreur serait œuvre de longue haleine et, de toute manière, les conclusions en resteraient incertaines. Notre petit livre se propose simplement de mettre en évidence la vérité contraire, savoir, que la théologie de Saint Thomas d'Aquin, loin d'exclure la spiritualité, en est une.

Ceci devrait être évident de soi. La théologie d'un théologien digne de ce nom ne peut être autre chose que le mouvement même de son intellect et de son amour cherchant la vérité sur Dieu dans l'enseignement de l'Écriture Sainte et dans la considération de ses œuvres. Telle est la théologie de Saint Thomas d'Aquin. Il est vrai que sa rigueur technique et
11 l'extrême abstraction de ses notions | fondamentales la rendent d'accès difficile à tous, et pratiquement impossible à certains, mais cette difficulté n'en altère ni l'objet ni le sens. Rien n'autorise à penser que ce sens, qui est celui d'un *intellectus fidei*, soit inaccessible à des esprits capables d'en comprendre les termes. Quand bien même la sécheresse et la complication des justifications techniques les rebuteraient, la lumière de vérité qui éclate d'elle-même aux esprits devrait leur être en quelque mesure perceptible dans les formules où elle s'exprime.

Ce sont quelques-unes de ces formules que l'on offre ici à méditer. Leur choix est tout personnel. Il répond d'abord au désir de mettre en relief certaines notions fondamentales qui commandent la doctrine de Saint Thomas et en assurent l'intelligibilité. Pour des raisons qui seront dites, Saint Thomas n'a pas voulu réduire sa théologie en un système qui n'eût mis en œuvre que ce qu'il y avait de plus personnel dans sa propre pensée philosophique. Il en est résulté que ce qu'il y a de plus original dans sa doctrine s'y trouve comme noyé dans une masse d'éléments dont on ne peut pas dire qu'ils ne sont pas siens, mais qu'ils ne le sont que parce qu'il les a d'abord rendus tels. On a voulu ici mettre en pleine lumière les notions fonda-mentales et, en quelque sorte, thomistes de naissance, qui permettent seules de comprendre l'usage que Saint Thomas fait des autres. On les reconnaît à ce signe que, sans elles, il n'y aurait | pas de thomisme comme doctrine distincte et attribuable **12** personnellement à Saint Thomas d'Aquin lui-même. Les autres notions qui entrent dans la texture de l'œuvre et en accroissent la richesse ne sont thomistes qu'en vertu de celles-là.

Outre ces raisons générales, le choix que nous avons fait de ces thèmes directeurs exprime une préférence spontanée pour certaines paroles et certains aspects de la pensée du Docteur Commun de l'Église.

Celui qui les rapporte n'a jamais pu les relire sans éprouver l'impression d'être conduit par elles aussi près de Dieu qu'il est possible à l'entendement humain de l'approcher en médi-tant sur le sens de sa parole. Mon seul désir est de partager cette expérience avec d'autres. Nulle part il ne sera question de démontrer, mais seulement de montrer, laissant à chacun le soin de chercher lui-même sa voie et de tenter à sa façon l'approche des hauts mystères dont l'oubli serait la mort de la métaphysique comme de la théologie, et dont la méditation, dans l'humilité de l'amour, est œuvre de piété non moins que de sagesse. Parmi tant de voies vers Dieu, dont aucune n'est inutile, il est bon que celle-là aussi reste ouverte. Non une voie de science, d'érudition, ni même de lecture, mais plutôt une suite d'exercices librement accomplis par chacun, à sa manière, sur des thèmes théologiques empruntés à Saint Thomas et proposés aux méditations de l'intellect.

PHILOSOPHER DANS LA FOI

> *Sed contra est, quod dicitur Exod. 3 ex*
> *persona Dei : Ego sum, qui sum.*
>
> ST. I, 2, 3

Cette parole de Dieu est souvent invoquée par les théologiens pour établir, sur la foi de l'autorité divine elle-même, que le nom qui convient en propre à Dieu, est l'Être, mais elle se présente ici, dès la deuxième question de la *Somme de théologie*, au *Sed contra* de l'article 3, *Utrum Deus sit* : y a-t-il un Dieu ? ou, pour suivre le langage reçu : Dieu existe-t-il ?

Puisqu'elle est empruntée à l'Écriture, cette parole signifie certainement que Dieu lui-même a répondu pour nous à la question de son existence, en l'affirmant. Assentir à sa parole, c'est croire que Dieu est, parce que lui-même l'a dit. En ce sens, l'existence de Dieu est tenue pour vraie en vertu d'un acte de foi en la parole de Dieu.

La connaissance de l'existence de Dieu acquiert de ce fait **14** une portée universelle et une certitude invincible. En effet, même ceux qui ne comprennent pas les preuves philosophiques de l'existence de Dieu sont informés de cette vérité par la révélation divine. Philosophes ou non, tous les hommes à qui sa parole est communiquée par la prédication de l'Écriture, et qui la reçoivent comme venant de lui, savent par là même que Dieu existe. Mais les philosophes eux-mêmes ont besoin de se souvenir que Dieu a révélé son existence et d'adhérer à cette vérité par la foi.

Il y a des démonstrations rationnelles qui permettent de savoir avec certitude que Dieu existe, mais la certitude de la foi, qui se fonde sur l'infaillibilité de la parole de Dieu [1] | est infiniment plus solide que celle de toute connaissance acquise par la seule raison naturelle, si évidente soit elle. En matière de révélation, l'erreur est absolument impossible, parce que la source de la connaissance de foi est Dieu même, la Vérité.

De là suivent d'importantes conséquences, dont la première est qu'en invoquant au début de son œuvre la parole de Dieu affirmant lui-même qu'il existe, le théologien affirme

1. « ... multo magis homo certior est de eo, quod audit a Deo, qui falli non potest, quam de eo, quod videt propria ratione quæ falli potest », ST. 2-2, 4, 8, 2ᵐ. « Ad tertium dicendum, quod perfectio intellectus et scientiæ excedit cognitionem fidei quantum ad majorem manifestationem, non tamen quantum ad certiorem inhæsionem : quia tota certitudo intellectus, vel scientiæ, secundum quod sunt dona [sc. Sancti Spiritus], procedit a certitudine fidei, sicut certitudo cognitionis conclusionum procedit ex certitudine principiorum ; secundum autem quod scientia, et sapientia, et intellectus sunt virtutes intellectuales [*i.e.* naturales], innituntur naturali lumini rationis, quod deficit a certitudine, et a verbo Dei, cui innititur fides », ST. 2-2, 4, 8, 3ᵐ. Il semble donc impossible d'acquérir, à la lumière des principes de la connaissance eux-mêmes, des certitudes égales à celles que donne la foi en la parole de Dieu, car cette parole exprime la certitude que possède Dieu lui-même ; or cette certitude est infaillible, celle de la lumière naturelle finie ne l'est pas. On ne substituerait donc en aucun cas, la raison à la foi sans échanger du moins infailliblement certain pour du plus infailliblement certain.

au nom de la foi l'existence de l'objet propre de la science théologique. En ce sens, toute la théologie dépend de cette vérité première, et c'est un point qu'il importe de méditer.

Certains prophètes peuvent avoir été plus grands que Moïse à certains égards, mais, absolument parlant, Moïse reste le plus grand de tous : *Non surrexit propheta ultra in Israël, sicut Moyses* (Deut. 34, 10). L'Écriture donne aussitôt la raison de ce jugement : Il ne s'est plus élevé en Israël de prophète pareil à Moïse, « lui que Yahvé connaissait face à face ». Saint Thomas ne va pas chercher ailleurs la première raison de sa propre thèse, que Moïse l'emporta sur tous les prophètes (ST. 2-2, 174, 4). Quatre marques caractérisent la prophétie : la connaissance, tant par mode de vue intellectuelle que par mode de vue | ima- **16** ginative, la promulgation de la vérité révélée, la confirmation de cette promulgation par des miracles. Les deux premières de ces quatre marques sont ici ce qui doit nous retenir. D'abord, Moïse l'emporte sur les autres prophètes par la vue intellectuelle qu'il eut de Dieu puisque, comme plus tard Saint Paul dans son ravissement, « il a vu l'essence même de Dieu » ; mais il en a même eu la vue sensible à un degré que n'atteignit jamais aucun autre prophète, car il en jouissait pour ainsi dire à son gré, non seulement en entendant ses paroles, mais même en le voyant parler, lui, Dieu, soit pendant le sommeil, soit même en état de veille. C'est dans cette vue face à face de l'essence divine que Moïse a vu que Dieu existe ; c'est donc par un acte de foi en cette existence de Dieu révélée à Moïse en vue directe, que le théologien répond d'abord à la question, si Dieu existe. Rien ne remplacera jamais pour nous le consentement à cette vision intellectuelle de l'essence divine, que Moïse eut face à face et à laquelle nous-mêmes pouvons participer, obscurément mais infailliblement, par la foi.

Cette nécessité de croire à l'existence du Dieu de Moïse, à l'origine de toute recherche théologique, ne fait aucun doute dans l'esprit de Saint Thomas. Selon lui, la foi consiste principalement en deux choses : la connaissance vraie de Dieu et le mystère de l'Incarnation. Or on ne peut hésiter sur ce qu'il **17** nomme la connaissance vraie de Dieu. Saint | Thomas entend par là, ce que *tout* fidèle est tenu de croire *explicitement* et *en tout temps* pour être sauvé, c'est-à-dire les deux choses que dit l'Apôtre dans l'Épître aux Hébreux, 11, 6 : « Sans la foi il est impossible de Lui plaire. Car celui qui s'approche de Dieu doit croire qu'il existe et qu'il se fait le rémunérateur de ceux qui le cherchent. » Sur quoi Saint Thomas ajoute : « Par conséquent chacun (*quilibet*) est tenu de croire *explicitement*, et *en tout temps*, que Dieu existe (*Deum esse*) et qu'il exerce sa providence sur les choses humaines. » (QDV. 14, 11). Toute notre connaissance théologique de Dieu commence donc par un acte de foi en la révélation, faite par Dieu lui-même, de sa propre existence. L'*Ego sum* de l'Exode est bien à sa place, dans la *Somme de théologie*, avant toutes les preuves rationnelles et proprement philosophiques de l'existence de Dieu.

On se gardera soigneusement ici d'une confusion trop répandue. Comment, demande-t-on, le théologien pourrait-il, à la fois, croire que Dieu existe et démontrer rationnellement son existence ? La question semble d'autant plus justifiée que Saint Thomas lui-même enseigne explicitement qu'il est impossible de croire et de savoir la même conclusion, à la fois et sous le même rapport. Faudra-t-il donc cesser de croire que Dieu existe, après avoir cinq fois démontré son existence, ou bien, au contraire, prétendrons-nous continuer de croire, ce **18** que nous saurions alors déjà ? Ôter la | foi en l'existence de Dieu, c'est donner à la théologie un objet dont l'existence même est établie par la connaissance philosophique, mais la maintenir après démonstration, c'est nous inviter à croire ce que nous savons, ce qui est impossible.

Pour dissiper cette confusion, il faut d'abord se souvenir de ce qu'est l'objet de la foi, qui est la substance, c'est-à-dire le fondement de tout l'édifice spirituel. La foi ne se termine pas à la formule de la proposition qui requiert notre assentiment. Par-delà le sens intelligible des paroles, elle atteint directement l'objet même que ces paroles signifient. Pour cela seul, aucune preuve rationnelle de la vérité de cette proposition : Dieu est, ne saurait nous dispenser de croire en l'existence de Celui que nous en croyons sur parole. L'affirmation de Dieu par la foi est spécifiquement autre que son affirmation par la raison philosophique. La conclusion du philosophe est vraie d'une vérité qui est celle de sa propre raison, l'affirmation du fidèle est une participation à la connaissance que Dieu lui-même a de sa propre existence et dont il nous informe par mode de révélation. La foi est une vertu proprement *théologale*, qui a Dieu pour cause et pour objet.

Connaissance de foi et connaissance de raison ne sont donc pas de même espèce, ni même de même genre. La connaissance de l'existence de Dieu, comme assentiment à la révélation qui nous en est faite, diffère entièrement | de celle qu'en **19** donne la philosophie, en ce qu'elle est, pour le fidèle, une première saisie réelle de Dieu et son premier pas sur le chemin de sa fin dernière, la vision béatifique. Entre le face à face de Moïse et celui de la vie éternelle, la foi offre aux croyants un passage obscur, mais sûr, qui ne conduit pas à la métaphysique, mais au salut. Dieu ne nous a donc révélé son existence que parce qu'il commençait, dans cette initiative gratuite, de nous donner déjà, dans l'obscurité, une sorte de prise sur notre fin dernière : *accedentem ad Deum oportet credere, quia est.* Aucune philosophie, aucune connaissance naturelle de Dieu, ne saurait nous mettre en possession, que ce soit par une ou par cinq voies, d'une connaissance de l'existence de Dieu qui relève de l'économie du salut. La philosophie n'est pas une doctrine du salut. Cette transcendance absolue du savoir théologique, et de la foi, ne doit pas être perdue de vue : *principale objectum fidei est veritas prima, cujus visio beatos facit et fidei succedit* (ST. 2-2, 5, 1).

Le rapport de la foi en l'existence de Dieu à la connaissance certaine qu'en donnent les démonstrations philosophiques ne soulève donc vraiment aucun problème insoluble.

Certains s'inquiètent d'entendre dire que la raison naturelle est faillible, même dans l'usage qu'elle fait des principes. C'est simplement un fait qu'elle se trompe. Il est certain que l'existence de Dieu est rationnellement démontrable, mais **20** les démonstrations que l'on | en propose ne sont pas toutes concluantes. Supposons qu'un philosophe, par exemple Saint Anselme, se tienne pour certain que Dieu existe, en vertu de cette conclusion purement rationnelle qu'on ne peut savoir le sens du mot « Dieu » sans être contraint d'admettre son existence, non seulement dans la pensée, mais aussi en réalité. Le moins qu'on puisse dire est que la preuve n'est pas certainement concluante. Si elle ne l'était pas, quelle serait la position d'un philosophe, ici doublé d'un théologien et d'un saint, qui s'estimerait dispensé de croire que Dieu existe, sous prétexte qu'il le sait avec certitude en vertu d'une démonstration rationnelle dont, en fait, la valeur est incertaine ? Il ne croirait plus que Dieu existe, mais il croirait le savoir, et puisqu'il ne le croirait ni ne le saurait, cet homme serait dans l'ignorance complète de l'existence de Dieu. Cette vérité n'est plus alors reconnue que de la manière confuse décrite par Saint Thomas (ST. 1, 1, 1, 1ᵐ), ou par une croyance qui se prend pour une connaissance : *partim ex consuetudine* (CG. I, 11, 2). La certitude, dont il est ici question, n'appartient pas aux jugements de ce genre, et c'est pourquoi la seule infaillible et souverainement fidèle reste celle de l'acte de foi. Elle est toujours présente et ne trompe jamais.

Il faut donc s'exercer à distinguer deux problèmes sans cesse confondus dans la discussion, l'existence de Dieu est-elle une vérité | démontrable par la raison naturelle, de sorte qu'elle soit connaissable et connue avec certitude ? La réponse à ce premier problème est, oui, sans aucun doute. Le deuxième problème est de savoir si chaque homme peut tenir sa raison naturelle pour infaillible dans son effort pour démontrer rationnellement que Dieu existe ? Les critiques sans indulgence dirigées contre les preuves de Saint Augustin, de Saint Anselme, de Descartes, de Malebranche et de bien d'autres, nous rappellent opportunément à la modestie. Sommes-nous des philosophes plus perspicaces que de tels hommes ? C'est toute la question. Modestie n'est pas scepticisme. Permettons donc sans crainte à notre entendement de poursuivre la preuve de l'existence de Dieu jusqu'à la certitude la plus exacte, mais préservons intacte notre foi en la parole qui révèle cette vérité aux plus simples comme aux plus savants[1].

1. Il convient ici de méditer le texte, si complexe et nuancé, de ST. 2-2, 2, 4 : « Utrum credere ea, quæ ratione naturali probari possunt, sit necessarium ». La réponse est affirmative : « Respondeo dicendum, quod necessarium est homini accipere per modum fidei non solum ea, quæ sunt supra rationem, sed etiam ea, quæ per rationem cognosci possunt ».

D'autres s'inquiètent aussi qu'en adoptant pareille attitude, on s'engage une fois de plus dans la contradiction déjà
signalée : savoir et croire une seule et même proposition. Mais
ce n'est pas le cas. Nous ne pouvons pas croire, d'un acte de foi
surnaturel, que Dieu soit le Premier Moteur Immobile, ou la
22 Première | Cause Efficiente, ou le Premier Nécessaire ; tout
cela, que le philosophe démontre, relève de la raison naturelle,
non de la foi. Aussi bien ces conclusions ont-elles été décou-
vertes par des hommes tels qu'Aristote et Avicenne, elles
n'ont pas été révélées par Dieu. Il est vrai que, si le Dieu de la
révélation existe, il est le premier moteur, le premier efficient,
le premier nécessaire et tout ce que la raison peut établir
touchant la cause première de l'univers, mais si Yahvé est
le Premier Moteur, le Premier Moteur n'est pas Yahvé. Le
Premier Efficient ne m'a jamais parlé par ses prophètes et je
n'attends pas de lui mon salut. Le Dieu dont le fidèle croit qu'il
existe, transcende infiniment celui dont le philosophe prouve
l'existence. Surtout, c'est un Dieu dont la philosophie ne saurait
avoir aucune idée, car toutes les conclusions de la théologie
naturelle font seulement connaître l'existence d'une première
cause de l'univers ; elles se posent en couronnement de la
science, mais sur la même ligne, au lieu que Yahvé révèle à
l'homme son existence afin de l'élever à la vue de son essence
et de l'associer à sa propre béatitude. Le dieu de la raison est
celui de la science, le Dieu de la foi est celui du salut. Toutes
les démonstrations philosophiques peuvent se déployer à
l'aise au-dessous de cette révélation divine, aucune d'elles ne
saurait en atteindre ni seulement en concevoir l'objet.

23   Ainsi donc, l'homme croit toute connaissance | qui
l'ordonne à la béatitude et toute connaissance est objet de foi
en tant qu'elle ordonne l'homme à la béatitude. Tous les *scibilia*

ont en commun d'être des objets de connaissance, mais parce
que tous n'ordonnent pas également l'homme à la béatitude,
tous ne sont pas également des *credenda* (ST. 2-2, 2, 4, 3^m).
Savoir que Dieu existe parce qu'on le prouve à la manière
d'Aristote, n'engage même pas sur la voie du salut ; croire que
Dieu est, sur la révélation qu'il en a faite, c'est être en marche
vers la fin dernière, et rien n'interdit alors au théologien
d'ordonner à cette fin tout son savoir, y compris Aristote,
Avicenne, Averroès et l'arsenal de leurs preuves. La philosophie peut et doit être sauvée, mais, pas plus que le philosophe,
elle ne saurait se sauver elle-même. Comme philosophie, elle
n'est pas même capable de concevoir la simple possibilité de
son propre salut.

La transcendance absolue de la révélation se reconnaît
à ce fait curieux, qu'est la polyvalence philosophique et théologique des textes de l'Écriture. Cherchant un *Sed contra* pour
sa question sur l'existence de Dieu, Saint Thomas ne semble
pas avoir trouvé de texte où Yahvé dise simplement : J'existe ;
il a donc eu recours à la parole de l'Exode : *Ego sum, qui sum*.
Mais cette parole répond à la question posée par Moïse à Dieu :
Quand le peuple me demandera qui m'a envoyé vers eux, que
répondrai-je ? Le passage en cause contient donc aussi la
réponse à cette | autre question : quel est le nom qui convient à **24**
Dieu ? Celle-ci sera posée plus loin dans la *Somme*, 1, 13, 11, et
le *Sed contra* invoquera simplement une autre partie du texte
(Ex., 3, 14) : « Voici en quels termes tu t'adresseras aux enfants
d'Israël : "Je suis" m'a envoyé vers vous » ; dans le texte de la
Somme même : « respondit ei Dominus : *Sic dices eis : Qui est
misit me ad vos* ; ergo hoc nomen, qui est, est maxime proprium
Dei ». Le *Sed contra* qui garantit l'existence de Dieu est donc
lourd de tout un sens dont aucune des cinq manières de la

prouver ne saurait donner la moindre idée. Le Dieu du *Sed contra* est quelqu'un, une personne qui révèle son nom en révélant son existence. La philosophie ne pense pas à ces problèmes ; elle n'est pas invoquée ici pour prouver la vérité de l'Écriture ; le théologien n'a recours à ses services que pour mettre l'homme sur la voie d'un ordre dont elle-même ne soupçonne pas l'existence et auquel par conséquent elle n'accédera jamais[1].

Une parole écrite, comme en passant, ouvre un jour plus instructif encore sur ce que la pensée du théologien peut lire dans un seul mot, si Dieu le prononce. Dans l'article de la *Somme* où il demande si les degrés de la prophétie varient à mesure que le temps progresse, Saint Thomas répond affirmativement et il en donne la preuve que voici : « les Pères qui **25** | l'avaient précédé avaient été instruits dans la foi en la toute-puissance d'un Dieu unique ; mais, plus tard, Moïse fut instruit plus pleinement de la simplicité de l'essence divine, lorsqu'il lui fut dit : *Ego sum qui sum*, nom que les Juifs signifiaient par celui d'Adonai, par respect pour ce nom ineffable » (ST. 2-2, 174, 6). Ainsi donc, la même parole qui garantit l'existence de Dieu, et que son nom le plus éminemment propre est Qui Est, révèle en outre aux hommes la parfaite simplicité de l'essence divine. En effet, Dieu n'a pas dit : Je suis ceci ou cela, mais simplement : Je suis. Je suis quoi ? Je suis *Je suis*. Ainsi, plus que jamais, la parole de l'Exode semble planer haut, dans une sorte d'espace libre où l'attraction de la pesanteur philosophique n'est plus sensible. L'œuvre de la raison est bonne, saine et importante, car elle prouve que, laissée à elle-même,

---

1. Méditer le texte de 2-2, 2, 3 et ad 3[m].

la philosophie peut établir avec certitude l'existence de ce premier être que tous nomment Dieu ; mais une seule parole du texte sacré nous met d'emblée en rapports personnels avec lui, nous dit son nom et, du seul fait de le dire, nous enseigne la simplicité de son essence.

Exercer notre réflexion sur le sens de cette dernière remarque mettra mieux encore en évidence la transcendance absolue d'une science telle que la théologie et en quel sens il est vrai de dire que la raison naturelle, dont elle fait son auxiliaire, n'y évacue à aucun moment la foi.

LA CAUSE DE L'ÊTRE

Ex ipso et per ipsum et in ipso sunt omnia.
Rom. 11, 36

Beaucoup de thomistes trouvent une grande consolation dans la pensée que Saint Thomas lui-même fut un philosophe aristotélicien ou, si l'on préfère, qu'il fut un aristotélicien en tant qu'il fut un philosophe. On aurait tort de les contredire, car il semble aussi difficile de réfuter cette proposition que de la démontrer. Le concept d'« aristotélicien » est trop vague pour que deux dialecticiens puissent se contredire à son sujet. Les concepts de « cartésien », de « kantien » ou de « hégélien » se prêtent d'ailleurs à la même remarque.

Il n'y aurait donc pas lieu de s'interroger sur ce problème si lui-même ne dépendait en réalité d'un autre que l'on semble tenir pour résolu. Pourquoi hésite-t-on à répondre non, | à la **28** question de savoir si Saint Thomas fut un aristotélicien ? Je veux dire : pourquoi ceux-mêmes qui se refusent à répondre oui, hésitent-ils souvent au moment de répondre non ? C'est que, manifestement, les écrits de Saint Thomas sont nourris de la pensée d'Aristote, de sa technique philosophique, de sa méthode, de sa philosophie de la nature, de sa morale et de sa métaphysique. On se dit donc que si Saint Thomas avait voulu avoir une philosophie aussi indépendante de toute révélation religieuse que l'avaient été celles des philosophes antiques, il aurait choisi celle d'Aristote. Et il n'y a rien à opposer à cela, sauf ceci, que si Saint Thomas l'avait fait, il n'y aurait qu'un aristotélicien de plus ; nous n'aurions pas de philosophie thomiste.

Il est heureux pour nous que Saint Thomas ait fait tout autre chose. Dans ce que l'on sait de sa vie, de ses études et de son œuvre, rien n'autorise à penser que lui-même se soit jamais considéré comme un philosophe ni qu'il ait nourri l'ambition d'avoir une philosophie personnelle. Pour un théologien, c'eût été, monté sur le faîte, aspirer à descendre et nourrir l'ambition d'une déchéance. C'est seulement à partir du seizième siècle que le développement propre des études philosophiques exigées des futurs théologiens conduisit à diviser les études religieuses en deux parties, la philosophie scolastique et la théologie scolastique. À ce moment, ce qu'il y avait eu de philosophie incluse dans les théologies scolas-

29 tiques, | ou explicitement élaborée en vue de ces théologies et pour leur usage, se constitua en corps de doctrine distinct. C'est ce qu'avaient déjà fait les averroïstes du treizième siècle et leurs successeurs, mais leur intention était de séparer les deux disciplines, non pas simplement de les distinguer. Les scolastiques du seizième siècle, et jusqu'à ceux de nos jours, ont fait une sorte de rêve : constituer, comme préambule à la théologie, une philosophie qui ne devrait rien à celle-ci, sauf une sorte de contrôle extérieur, et qui pourtant s'accorderait parfaitement avec elle. Les scolastiques de notre temps étant thomistes en quelque sorte par définition (bien que les exceptions soient nombreuses) ils veulent naturellement que cette philosophie soit celle de Saint Thomas d'Aquin, ce qui suppose que Saint Thomas ait eu une philosophie. On lui attribue donc celle qu'eut Aristote, retouchée pourtant, comme on assure que le Philosophe lui-même aurait pu le faire pour la mettre d'accord avec la théologie chrétienne.

Sur l'opportunité d'adopter cette attitude, on peut différer d'opinion; ce qu'il est très difficile d'admettre, c'est que, transportant dans le passé cette manière de faire, on prétend qu'elle ait été déjà celle de Saint Thomas d'Aquin. Peu importe d'ailleurs qu'on lui attribue ou non une philosophie proprement dite, pourvu du moins que celle qu'on lui attribue s'accorde avec les thèses philosophiques que lui-même a explicitement | professées dans ses écrits théologiques, principalement les deux Sommes et les Questions disputées. Il est incontestable que l'influence de la philosophie d'Aristote sur la pensée théologique de Saint Thomas dépasse de loin celle des autres philosophes. Elle est prépondérante en ce sens qu'ayant à mobiliser la philosophie au service de la théologie, c'est principalement celle d'Aristote dont Saint Thomas a fait usage, mais ce qu'il fait dire au Philosophe est toujours ce que celui-ci doit dire pour servir les fins du théologien. Et il n'est pas seul à les servir.

On altère la pensée théologique de Saint Thomas en imaginant qu'elle ait pu se lier à une doctrine philosophique quelconque, fût-ce même celle que le théologien jugeait de loin la meilleure de toutes. Lorsqu'il réfléchit sur ce que la raison humaine peut connaître de Dieu par ses seules forces, sans l'aide de la révélation judéo-chrétienne, Saint Thomas pose le problème, non pas du point de vue du seul Aristote, mais en fonction de l'histoire entière de la philosophie grecque.

Car c'est là pour lui toute l'histoire de la philosophie, l'âge suivant n'ayant plus guère été que celui des commentateurs et des Saints.

Saint Thomas a plusieurs fois esquissé un tableau d'ensemble de cette histoire. Telle qu'il la connaissait et l'interprétait, elle apparaissait dominée par une règle générale. Dieu ne peut être trouvé que comme cause des êtres donnés
31 dans l'expérience sensible, et | l'idée que la raison se fait de lui s'élève à mesure qu'elle-même connaît plus profondément la nature de ses effets. En d'autres termes, on ne peut pas trouver un Dieu plus élevé que celui qu'on cherche ; pour trouver le Dieu le plus haut qu'elle soit capable de concevoir par ses seules forces, il faut que la raison naturelle s'interroge sur la cause de ce qu'il y a de plus parfait dans les êtres sensibles tels qu'elle les connaît.

Sous le regard scrutateur du théologien, cette histoire se présente comme celle d'un progrès, non pas continu, mais sans régressions et jalonné par un petit nombre d'étapes marquantes. Cet approfondissement progressif de la nature des êtres, qu'accompagne celui de notre connaissance de Dieu, suit lui-même un ordre déterminé, qui est celui de la connaissance humaine : *secundum ordinem cognitionis humanæ processerunt antiqui in consideratione naturæ rerum* (QDP., 3, 6). Or notre connaissance commence par le sensible et, à partir de là, elle s'élève progressivement à l'intelligible par une suite d'abstractions de plus en plus poussées.

Une première étape correspond à la perception sensible des qualités des corps. Les premiers philosophes ont donc naturellement été matérialistes pour la simple raison qu'ils ont d'abord confondu la réalité avec ce qu'ils pouvaient en percevoir par les sens. Les matérialistes d'aujourd'hui (« je ne crois

qu'à ce que je vois ou à ce que je touche ») sont donc | simple- 32
ment des philosophes qui n'ont pas dépassé la première étape
de l'histoire philosophique de l'esprit humain. Pour eux, la
substance est la matière ; ils ne la conçoivent même pas comme
douée d'une forme substantielle, car les formes substantielles
ne sont pas perceptibles aux sens ; par contre, les qualités des
corps, qui en sont les formes accidentelles, tombent sous les
prises des cinq sens.

Voici donc en quoi la réalité consistait selon les premiers
philosophes : la matière, qui est la substance, et les accidents,
qui sont causés par les principes constitutifs de la substance
matérielle, ou éléments. Il ne leur en fallait pas davantage pour
expliquer les apparences du monde sensible. Comprenons
bien ce point tel que Saint Thomas lui-même l'entendait : si
nous posons la matière comme une substance dont les éléments
suffisent à rendre raison de toutes les qualités sensibles des
corps, celles-ci ne sont autre chose que la manifestation de ces
qualités. Elles n'ont donc pas à être produites ; elles sont là du
seul fait que la substance matérielle, dont elles sont les formes
accidentelles, est là. D'où cette conclusion digne d'attention
que, pour ceux qui tiennent une philosophie de ce genre, la
matière est la cause ultime de toutes les apparences. Il n'y a
donc pas lieu de poser une cause de la matière, ou, plus exactement, ces philosophes sont contraints à affirmer que la matière
n'a pas de cause, ce qui, pour | Saint Thomas, revient à nier tota- 33
lement la cause efficiente : *unde ponere cogebantur materiæ
causam non esse, et negare totaliter causam efficientem.*

Cette dernière remarque est de grande portée. Dire que
la matière n'a pas de cause, c'est « nier totalement la cause
efficiente ». Il semble que, comme il lui arrive souvent, Saint
Thomas nous mette ici en mains un explosif en laissant à notre

prudence le soin d'en régler l'usage. On voit en même temps pourquoi, car dès que l'on entreprend soi-même de prolonger sa réflexion, on se trouve engagé dans une suite de conséquences qui vont loin. À s'en tenir aussi près que possible du texte du *De potentia*, 3, 5, sur lequel s'attarde notre réflexion, le sens de la position qu'il discute est simple : il n'y a de substance que la matière, cause de tous ses accidents, et il n'y a pas d'autre cause. Rien de plus clair, mais comment suit-il de là que cette position revient à « nier totalement la cause efficiente » ?

Il semble qu'on doive reconstituer le raisonnement dont celui-ci n'est qu'une formule elliptique, opération délicate et qui n'engage d'autre responsabilité que celle de l'interprète. Pourtant, il le faut bien si l'on veut comprendre. Nous dirons donc : les accidents n'ont d'autre être actuel que celui de leur substance ; la production des accidents par la substance n'est donc pas une production d'être (autrement l'être de la substance se produirait lui-même) ; d'autre part, dans le | matérialisme, la substance matérielle n'a pas de cause efficiente, puisqu'elle est première ; ainsi, ni la substance ni les accidents n'ont de cause efficiente, d'où résulte qu'il n'y a pas du tout de cause efficiente. Si tel est bien le sens du raisonnement, il conclut qu'on ne peut trouver de causalité efficiente dans un univers où la seule substance est *une matière incréée*. Mais il ne suit pas de là qu'il ne puisse y avoir de cause efficiente dans un univers incréé. Il peut y en avoir pourvu que la substance ne s'y réduise pas à la matière. Pourtant, même alors, il restera dans un tel univers quelque chose qui échappera toujours à la connaissance par la cause, savoir, la matière même, dont rien n'explique l'existence, bien qu'elle-même explique tout le reste. Le primat de la causalité efficiente dans l'ordre de l'être s'affirme ici dans toute sa force.

La deuxième étape fut franchie par ceux des philosophes venus plus tard qui commencèrent, dans une certaine mesure, à prendre en considération les formes substantielles. Celles-ci étant invisibles, on s'élevait par là de la connaissance sensible à la connaissance intellectuelle. C'était un progrès décisif, car en passant de l'ordre du sensible à celui de l'intelligible on atteignait l'universel. Pourtant, cette deuxième famille de philosophes ne se demanda pas s'il y avait des formes univer-selles et des causes universelles, toute son attention se porta sur les formes de certaines espèces. Cette fois, il s'agissait de causes | vraiment agissantes (*aliquas causas agentes*), mais **35** qui ne conféraient pas aux choses l'être au sens où ce mot s'applique universellement à tout ce qui est. Les formes substantielles en question ne faisaient que permuter la matière en lui imposant tantôt une forme, tantôt une autre. C'est ainsi qu'Anaxagore expliquait la diversité de certaines formes sub-stantielles en faisant appel à l'Intelligence, ou qu'Empédocle les expliquait, par l'Amitié et la Haine. Il restait encore dans ces doctrines quelque chose d'inexpliqué, car les causes agissantes de ce genre expliquaient bien que la matière passât d'une forme à l'autre, mais « même selon ces philosophes, tous les êtres ne provenaient pas d'une cause efficiente; la matière était présupposée à l'action de la cause agissante ». Le primat de la cause efficiente s'affirme de plus en plus, comme il convient dans un article consacré à la question de savoir s'il peut exister quelque chose qui ne soit pas créé par Dieu, mais, précisément on sent là que, pour Saint Thomas, l'acte créateur est comme l'archétype et le modèle parfait de la causalité efficiente. Sans vouloir prêter à son langage une rigueur à

laquelle lui-même est loin de toujours s'astreindre, il n'est
peut-être pas arbitraire de noter que Saint Thomas préfère ici
réserver le nom de *causa agens* à la cause formelle dont l'effet
est de produire l'être-tel dans une matière donnée, et celui de
causa efficiens à celle dont l'efficace s'étendrait à la matière
36 | même : « et ideo etiam secundum ipsos non omnia entia a
causa efficiente procedebant, sed materia actioni *causæ
agentis* præsupponebatur » (QDP., 3, 5).

L'étape dernière fut alors franchie par un autre groupe de
philosophes, tels que Platon, Aristote et leurs écoles, qui,
réussissant à prendre en considération l'être même dans son
universalité, ont été les seuls à poser quelque cause universelle
des choses dont tout le reste tînt son être. Saint Thomas, que
nous nous efforçons de suivre littéralement en tout ceci,
renvoie sur ce point à Saint Augustin, *De civitate Dei*, VIII, 4,
mais l'important est que notre théologien fasse tenir en un seul
et même groupe des philosophes tels que Platon et Aristote,
dont le second a souvent contredit le premier. La remarque
s'étend à ceux qui formèrent plus tard leurs écoles (*Plato,
Aristoteles et eorum sequaces*), car entre les sectateurs
d'Aristote auxquels il ne peut pas ne pas avoir pensé, se
trouvent Avicenne et Averroès, dont on connaît les nombreux
désaccords. Mais peu importe ici, car il s'agit de savoir s'il
peut exister quelque chose qui ne soit pas *créé* par Dieu ;
donc tous les philosophes qui ont posé une cause *universelle*
quelconque des choses (*aliquam universalem causam rerum*)
viennent unanimement à l'appui de cette conclusion théologique : non, il n'existe aucun être qui ne soit créé par Dieu.
C'est ce qu'enseigne la foi catholique elle-même, mais que
37 l'on peut | démontrer par trois raisons. Exemple frappant de la
transcendance de la sagesse théologique et leçon sans prix

pour qui veut interpréter l'attitude si libre et si complexe de
Saint Thomas à l'égard des philosophies, celle d'Aristote aussi
bien que de celle de Platon.

En effet, la première raison philosophique de poser une
cause de l'être universel que retienne ici Saint Thomas, se tire
de cette règle, que lorsqu'une même chose se rencontre en
commun en plusieurs êtres, il faut qu'elle soit causée en eux
par une cause unique. En effet, la présence commune d'une
même chose en plusieurs êtres différents ne peut s'expliquer ni
par ce qu'eux-mêmes ont de différent, ni par une pluralité de
causes différentes. Or l'être (*esse*) appartient en commun à
toutes choses, car elles se ressemblent en ceci, qu'*elles sont*,
bien qu'elles diffèrent les unes des autres en *ce qu'elles sont* ; il
faut donc nécessairement qu'elles ne tiennent pas leur être
d'elles-mêmes, mais d'une certaine cause qui soit unique. Et
voici l'inappréciable précision que Saint Thomas apporte sur
sa propre pensée : « Cette raison semble être celle de Platon,
qui voulait qu'il y eût une unité antérieurement à toute pluralité, non seulement dans les nombres, mais même dans la
nature des choses » (QDP., 3, 6).

La deuxième raison se prend des degrés d'être et de
perfection. La précédente se | contentait de poser l'un comme **38**
cause du multiple, celle-ci pose l'absolu, ou le suprême degré
dans chaque genre, comme cause de tout ce qui diffère par le
plus ou le moins à l'intérieur du même genre. C'est la mesure
de la participation au genre qui exige ici qu'on pose dans ce
genre un terme suprême, cause unique de ses participations
inégales. On reconnaît aussitôt la *quarta via* de la *Somme de
théologie* (I, 2, 3), mais avec une remarquable modification.
Dans la *Somme*, la quatrième voie conclut directement à
l'existence de Dieu, car s'il y a des êtres plus ou moins êtres, il

faut qu'il y ait un suprêmement être, qui soit pour tous les autres cause de leur être et de toutes leurs perfections. Dans l'article *du De potentia* (3, 6) que nous suivons ici, la péripétie finale est différente : « Mais il faut poser un être unique, qui soit l'être très-parfait et très-véritable; ce qui se prouve par ceci, qu'il y a un certain moteur entièrement immobile et très-parfait, comme l'ont démontré les philosophes. C'est donc de lui que tient son être tout ce qui est moins parfait que lui ». La *prima via* vient ici renforcer la *quarta via* de la *Somme* et la conduire à sa conclusion.

Observons avec attention les limites des services que Saint Thomas attend ici des philosophes. Il suffit à son propos que Platon et Aristote se soient élevés l'un et l'autre à la considération de l'être universel et qu'ils lui aient assigné une cause **39** unique. Disons plus | précisément : il suffit à Saint Thomas que ces philosophes aient su assigner une cause unique à l'une quelconque des propriétés transcendentales de l'être en tant qu'être, que ce soit l'unité avec Platon, ou le bien et la perfection avec Aristote. Ces propriétés sont universellement attribuables à l'être, et Saint Thomas fait honneur à ces philosophes d'en avoir conclu qu'elles doivent nécessairement avoir une Cause unique, mais il n'attribue ni à l'un ni à l'autre une métaphysique de la création. Platon et Aristote expliquent tout de l'être, sauf son existence même.

La troisième raison nous en conduit aussi près que les philosophes s'en sont jamais approchés; c'est que ce qui est par autrui se réduit à ce qui est par soi comme à sa cause. Or les êtres donnés dans l'expérience ne sont pas purement et simplement de l'être. D'aucun d'eux on ne peut dire simplement : *il est*; on doit toujours dire : il est ceci ou cela. Nous aurons à revenir sur ce fait important. Pour le présent, il suffira d'en retenir qu'il n'existe aucun être simple (c'est-à-dire, simplement et uniquement être) qui soit donné dans l'expérience.

Ce qui n'est qu'une certaine manière d'être, ou qu'un être d'une certaine espèce, n'est manifestement qu'une certaine manière de participer à l'être, et les limites de sa participation sont mesurées par la définition de son espèce. S'il y a des êtres par mode de participation, il doit y avoir d'abord un être par soi : *est | ponere aliquod ens quod est ipsum suum esse*, c'est- **40** à-dire un premier être qui soit l'acte pur d'être, et rien d'autre. Il faut donc, conclut Saint Thomas, « que ce soit par cet être unique, que soient toutes les autres choses, qui ne *sont* pas leur être, mais qui *ont* l'être par mode de participation ». Puis il ajoute : « Cette raison est celle d'Avicenne ».

Peu d'articles de Saint Thomas permettent de voir plus clairement comment il entendait le travail du théologien. Lui-même n'a pas besoin de preuve pour savoir qu'il n'existe aucun être qui ne soit créé par Dieu ; la foi lui suffit pour en être sûr. C'est ce que rappelle le *Sed contra* de son article, qu'il emprunte à l'Épître aux Romains, 11, 36 : Tout est *de* lui, *par* lui et *en* lui. Mais la théologie telle qu'il la comprend cherche pour la certitude de la foi un accompagnement de certitudes rationnelles dont l'objet est de préparer l'entendement à la recevoir, ou, s'il l'a déjà reçue, à lui en donner *quelque* intelligence. En aucun cas il ne s'agit de prétendre que les philosophes aient exactement atteint l'objet auquel la foi donne son assentiment, mais les conclusions de la raison et les certitudes de la foi s'accordent, s'harmonisent, à tel point que l'évolution des problèmes au cours de l'histoire fait voir que le progrès dans la manière philosophique de les poser et de les résoudre rapproche peu à peu la raison de vérités de foi qu'elle finit par pressentir, sinon à atteindre.

41 | On voit en même temps par là combien il est difficile de lier la pensée de Saint Thomas à une seule et unique philosophie. Platon, Aristote, Avicenne sont trois philosophes différents, et sans vouloir nier que leurs philosophies soient apparentées, elles sont assurément diverses. On ne peut pas professer les trois philosophies à la fois, comme si une métaphysique de l'Un pouvait être en même temps une métaphysique de la Substance et une métaphysique du Nécessaire. Il ne saurait y avoir trois principes également premiers. On vient pourtant de voir Saint Thomas invoquer le témoignage de ces trois métaphysiques pour faire voir comment « il est démontré par la raison et tenu par la foi que tout est créé par Dieu ». Comment comprendre cette manière de philosopher ?

À ceux qui la taxent d'incohérence philosophique, certains répondent que le thomisme est un éclectisme, mais c'est avouer l'incohérence que ses adversaires lui reprochent. Comme n'importe quel être, une philosophie doit être *une* afin d'*être*. Une philosophie n'est pas une si elle se compose de morceaux empruntés à des philosophies diverses et plus ou moins habilement cousus. Chacun de ces morceaux tient son sens de l'ensemble de la philosophie dont on l'extrait, il ne saurait donc s'unir à d'autres morceaux pris de philosophies dont le sens est différent. L'unité d'une doctrine n'est pas nécessairement rigide, elle peut même prendre son bien où elle

42 | le trouve, pourvu que ce soit vraiment *son* bien. On reconnaît l'unité d'une philosophie, et par conséquent son existence, à la présence d'une sorte de fil intelligible, un fil d'or, qui la parcourt en tous sens et en relie du dedans toutes les parties. Les philosophes dignes de ce nom ne sont pas des rhapsodes, des couseurs, des rebouteux.

On peut répondre à cela que la doctrine de Saint Thomas n'est pas un éclectisme philosophique, mais théologique. La formule serait plus satisfaisante, si elle n'était contradictoire. Une doctrine dont les éléments résultent d'un choix théologique est nécessairement une théologie. Partout où elle est présente et agissante, la théologie domine. En outre, si le théologien qui choisit se contentait de recoudre tels quels les morceaux dont il prétend faire une philosophie, celle-ci souffrirait du manque d'unité et d'être propre à tous les éclectismes, avec cette aggravation que le principe qui préside au choix des morceaux n'y serait même plus philosophique et proprement rationnel.

L'attitude du théologien est profondément différente. Il ne recourt pas à la lumière de la foi afin de constituer une philosophie qui soit une, mais bien afin de procéder à une critique des philosophies dont il s'aidera pour constituer un corps de théologie qui soit un. L'unité de la foi n'est pas ici en cause, c'est de l'unité structurelle de la théologie comme science qu'il s'agit. À cet égard, il est très-vrai que la | dette de Saint 43 Thomas envers Aristote dépasse de loin ce qu'il doit à n'importe quelle autre philosophie, peut-être même à toutes les autres philosophies prises ensemble, mais il n'est pas moins vrai que, comme théologien, le seul objet de son effort est de construire une théologie, non une philosophie. Ce que la doctrine ainsi élaborée aura d'unité philosophique lui viendra d'une lumière plus haute que celle de la philosophie. La raison pour laquelle il peut en utiliser plusieurs sans risquer le manque de cohérence est qu'il n'est lié à aucune d'elles, qu'il ne dépend d'aucune d'elles et qu'il s'assimile d'abord cela même qu'il semble leur emprunter.

Rien ne peut remplacer la méditation personnelle d'un texte tel que celui du *De potentia*, 3, 6 (mais il y en a beaucoup d'autres) pour prendre vraiment contact avec le travail du théologien et comprendre la nature de son œuvre. Saint Thomas ne s'y montre ni platonicien, ni aristotélicien, ni avicennien. En allant au fond de ces trois philosophies, on s'aperçoit qu'aucune d'elles n'a conçu la notion de création *ex nihilo*, y compris celle de la matière. Mais dans la lumière théologique où elles baignent ici, on les voit révéler des possibilités philosophiques plus riches que celles qu'elles semblaient avoir dans l'esprit des philosophes qui les ont d'abord conçues. Le sens des cinq voies vers l'existence de Dieu, celui des trois raisons pour l'universelle causalité du premier être, ne provient **44** |finalement d'aucune de ces voies ni de ces raisons.

Il a sa source dans une notion définie de Dieu et de l'être dont la lumière, jaillie d'un intellect fécondé par la foi, suffit à métamorphoser les philosophies qu'elle touche. Mais on ne comprend ces choses que lorsqu'une longue étude en a donné l'expérience. La virtuosité dialectique empêche de les bien entendre plutôt qu'elle ne permet de les démontrer.

CELUI QUI EST

> *Dei igitur essentia est suum esse. Hanc autem sublimem veritatem Moyses a Domino est edoctus, qui, quum quæreret a Domino, dicens:* Si dixerint ad me filii Israel: Quod est nomen ejus? quid dicam eis? Dominus respondit: Ego sum qui sum; sic dices filiis Israel: Qui est misit me ad vos (Exod. III, 13-14), *ostendens suum proprium nomen esse:* Qui est.
>
> CG. I, 22, 10

Saint Thomas lui-même ne parvient pas à faire tenir en une seule vérité tout le contenu de ces paroles de l'Exode. Ou plutôt, c'est nous qui ne savons pas en voir à la fois tous les aspects. En disant *Ego sum qui sum*, Dieu proclame son existence personnelle de Dieu. Il ne dit pas: sachez qu'il y a un Dieu, mais plutôt: sachez que Je suis, et que mon nom est Qui Est. Pour que le peuple d'Israël n'aille pas croire qu'il s'agit d'un nouveau Dieu | encore inconnu de lui, la révélation ajoute: **46** « Tu parleras ainsi aux enfants d'Israël: Yahvé, le Dieu de vos pères, le Dieu d'Abraham, le Dieu d'Isaac et le Dieu de Jacob, m'a envoyé vers vous. C'est le nom que je porterai à jamais, sous lequel m'invoqueront les générations futures » (Ex. 3, 15).

Ainsi, comme il vient d'être dit[1] Dieu révèle son nom en même temps que son existence, et puisque, dans la même parole, il révèle, en quelque sorte, son essence, Dieu dit par là, si l'on suit les interprétations qu'en donne Saint Thomas, tantôt que l'essence divine est simple (ST. 2-2, 174, 6), tantôt (CG. I, 22, 9) que l'essence de Dieu est son être : *Dei ... essentia est suum esse*. Essayons de débrouiller cet écheveau d'idées.

Il faut d'abord saisir l'occasion qui s'offre d'exprimer respect, admiration et gratitude à la noble famille des philologues. Armés de leurs grammaires et de leurs lexiques, forts de leurs méthodes dites « scientifiques », ils s'estiment qualifiés pour donner du texte sacré une interprétation exacte. On ne saurait leur refuser cette compétence, pourvu qu'elle-même reconnaisse ses propres limites. La philologie permet d'établir, avec la précision la plus exacte possible, le sens d'un texte, en supposant que l'écrivain était un homme comme les autres, de mentalité semblable à la nôtre, usant du langage des hommes 47 de son | temps et de son pays pour exprimer des notions analogues à celles qu'ils signifiaient par les mêmes mots.

On peut appliquer la méthode à l'Écriture, pourvu seulement qu'on pose en principe, non seulement que l'écrivain sacré était un homme comme les autres, mais, en outre, qu'il n'était absolument rien que cela. Si on le fait, la notion d'auteur inspiré disparaît et l'Écriture devient en effet un livre analogue à l'*Iliade* ou à l'*Enéide*, entièrement justiciable de la philologie et des philologues. Même alors, on aurait lieu de se

1. Voir chap. I, p. 41.

méfier, car le sens des textes n'est ni dans les grammaires ni dans les lexiques, mais bien dans l'intellect du lecteur qui traduit et interprète. Surtout, et cela seul nous importe, aucune science philologique ne saurait nous faire connaître le sens qu'un auteur inspiré attribuait à ses propres paroles, car l'écrivain sacré est, par définition, un homme qui cherche à dire des vérités qui passent l'homme. Il doit user des mots de tout le monde pour exprimer des pensées qui ne sont pas celles de tout le monde. Ce que les paroles du Pentateuque signifient pour le philologue est le sens qu'elles auraient eu dans la bouche d'un homme quelconque parlant d'un des sujets de conversation familiers aux hommes de son temps. S'appuyer sur le sens probable des mêmes mots en d'autres passages de la Bible, c'est tenir pour accordé qu'en aucun cas, à aucun moment, l'écrivain sacré n'a voulu dire une | parole de sens unique dont **48** on chercherait vainement ailleurs un équivalent.

Le plus grave n'est pas là. Il suffit de voir à quelles contradictions sont en proie les philologues et en quelles querelles amères ils s'engagent, pour ne pas se laisser prendre à l'apparente certitude de leurs conclusions. Assez flottantes pour laisser place à l'arbitraire, les méthodes philologiques permettent finalement à l'exégète de faire dire au texte ce qu'il veut lui faire dire. On ne s'étonne pas que l'exégèse biblique dite scientifique soit particulièrement en honneur dans les églises protestantes : elle est une forme savante du libre examen, où l'on compte sur l'objectivité et la nécessité supposée des conclusions pour donner aux vérités révélées la garantie qu'elles ne peuvent plus tenir du magistère de l'Église et de la tradition. Les méthodes exégétiques des philologues sont nécessaires ; on ne peut tolérer qu'elles se donnent pour suffisantes. Il ne faut pas leur permettre de nous faire croire que les sens, même littéraux, qu'elles n'atteignent pas, sont des sens qui n'existent pas.

Un catholique, du moins, ne saurait se satisfaire de telles méthodes. L'Écriture s'offre à lui lourde de tous les sens dont elle s'est chargée au cours des siècles et dont il se trouve être l'héritier par la tradition. Assurément, aucun philologue, parlant en tant que tel, ne saurait consentir à cette position, **49** mais, précisément, philologie n'est pas théologie et | il n'y a aucun sens à prétendre qu'une méthode faite pour les textes littéraires du type courant, puisse extraire pour nous d'un texte révélé le sens surnaturel qu'il contient.

L'Église a donc qualité pour déterminer, en premier lieu, le sens littéral, ou les sens littéraux, que l'auteur sacré avait dans l'esprit en écrivant. Ceci n'est pas une méthode philologique, mais le Catholique croit que l'Écriture est un livre écrit sous l'inspiration du Saint-Esprit; il ne s'étonne donc pas qu'elle pose à l'interprète des problèmes insolubles au seul moyen de la grammaire et du dictionnaire. Le Catholique ne voit même rien d'impossible à ce que les textes inspirés contiennent véritablement et réellement des sens inconnus de ceux qui les ont écrits, mais dont l'inspiration divine les chargeait, en quelque sorte, pour l'avenir. Il faut prendre au pied de la lettre la parole de Saint Thomas : *auctor sacræ Scripturæ est Deus*. Les écrits d'un auteur aussi exceptionnel ne livrent sans doute pas tout leur sens à qui s'en tient aux méthodes ordinaires d'interprétation des textes. En effet : « Le sens littéral est celui que l'auteur a dans l'esprit, et puisque l'auteur de l'Écriture Sainte est Dieu, dont l'intellect comprend tout à la fois, il n'y a pas d'impossibilité, comme le dit Augustin au livre XII des *Confessions*, à ce que, même quant au sens littéral, un même passage de l'Écriture ait plusieurs sens » (ST. 1, 1, 10). Le texte de l'Exode peut

donc contenir à lui seul, au sens | littéral, tout ce qu'y ont lu **50**
les Pères de l'Église, tout ce que vient d'y lire Saint Thomas
d'Aquin[1].

Cette certitude fondamentale, que Dieu est l'auteur de
l'Écriture et que sa propre science nous parle dans le texte
sacré, explique la parfaite tranquillité avec laquelle Saint
Thomas y lit les spéculations métaphysiques les plus
abstruses. Son exégèse est celle d'un théologien maître de
toutes les ressources de la théologie naturelle – la science
humaine des choses divines – qui s'efforce de faire dire à la
raison naturelle le maximum de vérité dont elle soit capable,
au sein, si l'on peut dire, de la vérité révélée. La crainte, si
souvent exprimée, que la raison ne se laisse corrompre par
la foi, est doublement sans objet. D'abord, le théologien ne
s'intéresse aucunement à recruter les services d'une philosophie qui, infidèle à sa propre méthode, ne pourrait plus lui
en rendre aucun. Inversement, le théologien ne pense pas un
instant que son œuvre puisse consister à changer la vérité
révélée en vérité philosophique. Cette pensée lui ferait horreur.
La *fides quærens* | *intellectum* est une foi qui reste irréductible- **51**
ment foi, tant qu'elle ne s'est pas effacée devant la vision béatifique. L'*intellectus fidei* est une intellection d'un intelligible
proposé par la révélation, mais ce que comprend l'intellect,
si précieux que ce soit, n'entame aucunement la réalité

1. L'explication d'Exode 3, 13-14, donnée par la Bible de Jérusalem, p. 63,
note g, montre comment la philosophie la plus exacte peut s'allier avec la règle
d'interprétation théologique posée par Saint Thomas d'Aquin. Aucune interprétation n'est acceptable si le sens littéral ne peut la porter, mais une même
parole (si Dieu en est l'auteur) peut porter plusieurs sens littéraux.

surnaturelle dont la substance est l'objet même que la foi possède dans l'obscurité.

Il ne faut donc pas penser la théologie des préambules de la foi comme s'il s'agissait d'une sorte de péristyle philosophique, ou d'ouverture écrite dans le style de la métaphysique, en attendant que la spéculation théologique commence véritablement. La théologie commence avec le premier *Sed contra* de la *Somme* et tout ce que celle-ci contient de spéculation philosophique se trouve comme intégré à la théologie au service de laquelle le théologien l'engage. Elle ne peut servir qu'à condition d'être authentiquement philosophie, mais la servante est de la famille ; elle fait partie de la maison.

Perdre cette vérité de vue en abordant la troisième Question de la *Somme* est une négligence fatale. On peut croire encore la suivre, mais on est perdu. Dans les deux Sommes, Saint Thomas n'a pas plus tôt prouvé l'existence de Dieu, qu'il entreprend d'en établir la parfaite simplicité. Mais nous n'avons l'expérience d'aucun être réel qui ne soit composé ; un être parfaitement simple n'est pas imaginable, parce que la
52 nature n'en | fournit aucun exemple ; établir que Dieu est simple, c'est donc établir que Dieu *n'est pas* de la manière dont *sont* les êtres composés. La preuve de la simplicité divine est le premier exemple que nous rencontrions de l'emploi de la méthode négative en théologie. Il s'agit de savoir de Dieu *quomodo non sit* (ST. 1, 3, div. text.) et, pour cela, d'éliminer toute composition de la notion que nous formons de lui.

Cette opération s'effectue selon une progression dialectique bien connue dont chaque moment consiste à démontrer un certain *Dieu n'est pas composé de...* Dieu ne se compose pas de parties mobiles, donc matérielles ; il ne se compose pas de forme et de matière et ainsi de suite jusqu'au moment où, ayant éliminé de la notion de Dieu jusqu'au moindre vestige de composition, sa simplicité parfaite s'impose à l'esprit. Rien n'est plus facile que de suivre pas à pas le progrès de cette démonstration, qui est entièrement rationnelle et ne fait usage que de notions familières à l'aristotélisme traditionnel. Acte et puissance, forme et matière, suppôt et nature, essence et être enfin, il n'est rien en tout ceci qui relève de la révélation.

Pourtant, cette dialectique rationnelle et proprement philosophique en sa structure se développe à la lumière d'une parole de Dieu qui l'oriente, la guide et la conduit finalement à son terme. Quelle parole ? Le *Sed contra* de la question : *Si Dieu existe* (ST. I, 2, 3), | c'est-à-dire, on s'en souvient, *Ego sum qui* **53** *sum*. On ne peut comprendre tout ce début de la *Somme*, ni par conséquent en interpréter correctement la suite, si l'on perd un seul instant de vue la révélation faite par Dieu de son existence et le nom sous lequel il s'y est révélé. Il faut s'exercer à replacer cette progression dialectique dans sa perspective authentique, faute de quoi elle perd son sens.

Ceci peut se démontrer. Prouver la simplicité de Dieu revient à prouver la simplicité de son être. En d'autres termes, l'opération consiste à prouver que l'être de Dieu est uniquement cela même qu'il est. C'est dire que l'opération dépend premièrement de la notion de l'être divin qu'elle présuppose, et puisque Dieu est l'être par excellence, la notion de simplicité divine dépendra, pour le théologien, de l'ontologie particulière qu'il admettra comme philosophe. En effet, même si l'on admet que Dieu est purement et simplement être, il reste encore à savoir ce que l'être lui-même est.

Le sens de la remarque apparaîtra si l'on se porte directement à l'article où la progression dialectique de Saint Thomas atteint son point culminant : 1, 3, 4 : Si, en Dieu, l'essence et

l'être sont la même chose ? Poser cette question, c'est implici-
tement supposer qu'être essence ne soit pas identiquement être
un être ou, inversement, qu'être ne soit pas identiquement être
essence. Beaucoup de théologiens et de philosophes ne
54 | penseraient même pas à poser la question. Au moment où il
la pose, Saint Thomas lui-même vient d'établir que, considéré
comme suppôt, ou sujet, Dieu est identiquement sa propre
essence, ou nature. Si un être et sa propre essence sont identiques, si, en d'autres termes, un être est identiquement ce qu'il
est, comment peut-on le concevoir encore plus simple ? Il n'y a
rien de plus simple que l'identité de soi à soi.

Assurément, le théologien qui dépasse ici le plan de
l'essence pour atteindre celui de l'acte d'être, est en même
temps le philosophe du *De ente et essentia*. Il sait que, dans
l'étant (*ens*), l'essence ne contient pas de quoi rendre raison
de l'être (*esse*) ; au contraire, l'être actuel (*esse*) est l'actualité
de toute forme, ou nature, car un homme n'est homme qu'à
condition qu'il soit ; ce qui n'*est* pas, n'est rien. Il ne suffit donc
pas d'établir que Dieu est identiquement sa propre essence
pour démontrer qu'il est simple. Afin d'éloigner de lui toute
composition, il faut ramener sa notion à ce qu'il y a d'irréduc-
tiblement dernier dans l'étant, savoir, l'*esse*, l'acte en vertu
duquel il *est*, simplement et ultimement.

Mais pourquoi l'acte d'être serait-il cet ultimement
dernier ? Pourquoi ne pas arrêter la progression dialectique à
l'essence, plutôt qu'à l'existence ? Si l'être de Dieu et son
essence sont identiques, on doit pouvoir poser Dieu comme
l'essence suprême, absolue, simple et y réduire l'exister divin,
55 au lieu de | l'y ramener elle-même. De quelque manière qu'on
envisage le dernier moment de ce progrès vers la simplicité
de l'être, on trouve une sorte d'arbitraire dans la décision,

prise par le théologien, d'en situer le terme ultime, non dans l'essence de l'étant, mais dans l'acte même d'exister.

C'est que le lecteur de la *Somme*, naturellement attentif à la dialectique de l'être qu'on l'invite à suivre, est une fois de plus tenté de croire que Saint Thomas s'y élève de la philosophie à la théologie, alors qu'il fait le contraire. Sans doute, bien des raisons suggèrent la composition d'essence et d'être dans les étants, mais aucune ne la démontre à la rigueur. Il est évident, ou démontrable, qu'un étant fini n'a pas de soi son être. L'essence finie est donc en puissance à l'égard de son être actuel et cette composition de puissance et d'acte suffit à distinguer radicalement l'étant, qui n'est qu'*un être*, de Celui qui est l'Être. Mais comment démontrer, par inspection directe de l'étant, que l'existence actuelle est en lui l'effet d'un acte fini, intrinsèque à sa substance et qui fait de lui un *ens*, au sens précis d'essence ayant son acte propre d'exister? Duns Scot, Suarez, d'innombrables théologiens ont refusé et refusent encore d'accepter cette doctrine métaphysique.

On ne pense peut-être pas assez à la redoutable conséquence théologique de ce refus. C'est que, si la substance réelle finie ne se compose pas d'essence et d'être, il n'y a plus |lieu d'éliminer cette composition de notre notion de Dieu pour **56** établir sa parfaite simplicité. L'entreprise devient sans objet, car on ne peut éliminer de l'être divin une composition qui n'existe nulle part, sauf dans la pensée de ceux qui la conçoivent. La démarche du théologien suit donc l'ordre inverse. Sachant, parce que Dieu l'a dit, que son nom propre est Est, le théologien pose l'étant fini comme nécessairement complexe. Or lui-même part de Dieu comme de l'absolument simple; il faut donc que la complexité de la substance finie résulte d'abord d'une addition à l'acte fondamental d'être. Cette addition ne peut d'abord être que celle d'une essence, grâce à laquelle un acte d'être est celui d'un certain être. S'il n'était un composant métaphysique réel de l'étant, l'acte d'être (*essendi*, *esse*) ne ferait pas réellement composition avec l'essence; l'étant serait simple comme l'être divin; il serait Dieu.

La certitude que l'*esse*, ou acte d'être, est un élément proprement dit de l'étant et qu'à ce titre il est inclus dans sa structure, s'explique donc d'abord par la certitude antérieure que l'acte d'être existe actuellement en soi et à part, dans la pureté métaphysique absolue de ce qui n'*a* rien, pas même l'essence, parce qu'il *est* tout ce qu'on pourrait vouloir lui attribuer. Qui Est excluant toute addition, la substance finie compose nécessairement d'un acte d'être et de ce qui le limite. C'est parce qu'on sait que Dieu est être pur, que | l'on situe dans un acte d'être métaphysiquement non-pur le noyau métaphysique de la réalité.

Toute cette dialectique est mise en mouvement, dirigée et conclue à la lumière de la parole de l'Exode. Elle est métaphysique de méthode et de structure, car rien, dans le texte sacré, ne la suggère ni ne l'annonce. La révélation comme telle peut atteindre sa fin propre sans y recourir et l'on doit convenir qu'humainement parlant, le sens littéral primitif de l'Écriture ne suggérait aucune technique aristotélicienne. Pourtant, Saint Thomas y a lu, à la fois et indivisément que Dieu est, qu'il est l'Être, et qu'il est simple. Or être Qui Est, et être simple, c'est proprement *être*, purement et simplement. Saint Thomas a fait preuve d'une remarquable intrépidité intellectuelle en conduisant la dialectique philosophique de l'être, qui s'arrêtait spontanément à la substance et à l'essence, jusqu'où il fallait aller pour rejoindre la vérité de la parole divine. Parce que Dieu s'est révélé comme Celui Qui Est, le philosophe sait qu'à l'origine et au cœur même des étants, il faut situer l'acte pur d'exister. La parole divine reste irréductiblement transcendante aux notions philosophiques conçues à sa lumière ; c'est même pourquoi celles-ci ne sauraient s'en déduire. Ne disons pas : puisque l'Écriture l'affirme, les notions philosophiques d'être et de Dieu s'identifient, en fin de compte, avec celle de l'acte d'être ; en effet, | l'Écriture elle-même ne le dit pas ; mais **58** elle dit : le nom propre de Dieu est : Qui Est ; parce qu'elle le dit, je le crois ; pendant que j'adhère ainsi à l'objet de la foi, l'entendement fécondé par ce contact pénètre plus avant dans l'intellection de la notion première d'être. D'un seul et même mouvement, il découvre dans le sens philosophique du premier principe une profondeur imprévue et conquiert une sorte d'intellection, imparfaite mais vraie, de l'objet de la foi.

C'est ce mouvement même que l'on nomme philosophie chrétienne, pour l'intellection de la parole de Dieu, si précieuse dans sa modestie, qu'il procure. Pour l'ordre doctrinal, les élargissements de perspective et l'approfondissement des vues philosophiques dont ce mouvement est la cause, il reçoit le titre de philosophie scolastique. Sous ces deux aspects complémentaires, il est inséparable de l'Écriture. On doit donc s'exercer longuement, ou mieux encore souvent, soit à percevoir, dans la plénitude du nom de Dieu la présence d'une dialectique de la simplicité divine, soit, inversement, à dérouler à loisir cette dialectique à la lumière de l'*Ego sum qui sum*.

AU-DELÀ DE L'ESSENCE

> *Sed secundum rei veritatem causa prima est*
> *supra ens, in quantum est ipsum esse infini-*
> *tum, ens autem dicitur id quod finite partici-*
> *pat esse, et hoc est proportionatum intellec-*
> *tui nostro cujus objectum est quod quid est*
> *ut dicitur in III* de Anima *(III, 4, 429 b 10)*
> *unde illud solum est capabile ab intellectu*
> *nostro quod habet quidditatem participan-*
> *tem esse; sed Dei quidditas est ipsum esse,*
> *unde est supra intellectum.*
>
> Super librum De Causis, *prop. 6,*
> H.-D. Saffrey (éd.), p. 47.

Dieu est l'être; l'Écriture le dit ou, du moins, on affirme souvent que l'Écriture le dit. Mais si Dieu est Qui Est, son *esse* lui tient lieu d'essence, et comme tout étant est une essence douée d'une existence, la notion d'étant elle-même ne convient pas proprement à Dieu. Comme le Bien de Platon, il faut reculer Dieu au-delà de l'étant : *causa prima est supra ens.*

| Nul n'est plus attentif que Saint Thomas aux habitudes de **60** pensée et de langage. Il ne les heurte pas de front et jamais sans

nécessité, mais on doit n'en recueillir que plus précieusement les paroles décisives où sa langue si ferme enclôt parfois le tout de ce qu'il tient pour la vérité absolue sur une question.

Tel est ici le cas. Laissons dire et disons nous-mêmes que Dieu est *ens* : on verra bientôt la raison de cette tolérance ; n'oublions pourtant pas qu'en dernière analyse, le vrai nom de Dieu n'est pas *ens*, mais *esse*. – Si l'usage s'en établit un jour en notre langue, on exprimera cette vérité en disant que Dieu n'est pas un *étant* (*ens*), mais un *être* (*esse*). Puisque, malheureusement, l'usage ne permet pas encore de le faire, on devra du moins s'exercer à ne jamais concevoir Dieu comme ce que nous nommons ordinairement *un être*. On vient en effet de rappeler qu'au sens propre des mots *ens*, ou étant, un être est quelque chose qui possède l'existence actuelle, c'est-à-dire l'*esse*, ou l'*actus essendi*. Ce quelque chose, sujet récepteur de l'acte d'être (*esse*), on le nomme l'essence. En conséquence, puisqu'il se compose d'un acte d'être limité par une essence, tout être autre que Dieu est fini par définition. Inversement, puisqu'il est l'acte pur d'être, l'*esse* même (*ipsum esse*) sans aucune essence qui le limite, Dieu est infini en vertu de sa notion même. Si donc tout étant est fini en tant qu'il *a* l'acte
61 d'exister, mais ne l'*est* pas, c'est la | même chose de dire que Dieu est, qu'il est Qui Est, qu'il est parfaitement simple, qu'il est infini et situé au-delà de l'*ens*. Dieu est infini parce que sa simplicité est celle de l'acte pur d'*esse*, qui n'est ni ceci ni cela, mais *est*, absolument.

Voici donc la parole de l'Exode enrichie d'une dimension nouvelle. À vrai dire, celle-ci consiste plutôt à lui attribuer une dimension incommensurable à toute autre ou, plus simplement, à refuser de la limiter par aucune dimension. Et voici pour quelle raison, après avoir observé que Dieu est au-dessus même de l'étant (*ens*), dont la notion implique finitude (*habens esse*), Saint Thomas nous laissera pourtant dire que Dieu est premier dans l'ordre de l'être, et suprêmement être (*maxime ens*). C'est que l'homme lui-même étant composé d'essence et d'*esse*, l'objet proportionné à l'intellect humain n'est pas l'*esse* pur, mais l'étant (*ens*), dont on vient de dire qu'il est toujours un acte d'exister déterminé et limité par une essence. Si tel est son objet propre, notre intellect est incapable de concevoir des objets d'espèce différente. Les objets matériels sont au-dessous de lui ; ils lui échappent par le singulier de leurs déterminations matérielles mêmes ; l'exister pur est au-dessus de lui : il transcende l'intellect humain par l'infinité de son acte. Il ne reste qu'à tirer de ces prémisses la conséquence qu'elles impliquent : n'est saisissable pour notre intellect que ce qui a une quiddité, ou | essence, participant à l'exister 62 (*esse*) ; or la quiddité de Dieu est l'exister même (*ipsum esse*) ; Dieu est donc au-dessus de l'intellect.

On ne méditera jamais trop sur cette vérité. Il faut avouer qu'elle inquiète de bons esprits qui lui trouvent un goût d'agnosticisme, mais bien que le reproche soit sans fondement, on servirait mal la vérité du thomisme authentique en déguisant la doctrine pour éviter l'objection. C'est au contraire en allant au bout de la doctrine, et si on la formule en toute rigueur, qu'on en trouve à la fois le sens et la justification.

L'entendement humain connaît et dit beaucoup de vérités touchant ce qu'il est convenu d'appeler « la nature divine ». En langage plus technique, on dira que l'homme peut former, au sujet de Dieu, des propositions affirmatives qui sont vraies. Toute perfection créée s'affirme à bon droit du créateur et les affirmations de ce genre sont fondées en réalité. Aucune tentation de pragmatisme n'effleure la pensée de Saint Thomas

d'Aquin. Quand il dit : *Notre Père...*, le Chrétien ne pense pas
que Dieu se comporte envers nous à la manière d'un père. Il ne
pense pas non plus simplement que, de notre côté, notre attitude envers Dieu doive s'inspirer des sentiments d'un fils pour
son père. Nous aimons Dieu comme un père, parce qu'il *est*
notre père. Toute la réalité de la paternité est véritablement en
lui, ou, plutôt, est lui. Il en va de même des autres perfections
63 présentes dans | l'être fini et que nous attribuons à la cause
première : justice, vérité, bonté, ces noms et ce qu'ils signifient
se disent légitimement de Dieu. La raison en est simple : il n'y
a rien de ce qui est, que Dieu ne soit d'abord à titre de cause ; il
n'y a donc aucun nom, signifiant quelque perfection, qui ne
soit applicable à Dieu par droit de priorité. La cause de toutes
les excellences a droit de porter leurs noms, car elle les est.

Pourtant, il est nécessaire de dépasser ce point de vue si
l'on veut penser de Dieu ce qu'en pensait Saint Thomas
d'Aquin. L'objet naturel de l'entendement humain est la
quiddité abstraite de l'expérience sensible. Étant lié à la nature
humaine même, unité substantielle d'une âme et d'un corps, ce
fait ne souffre pas d'exceptions. Aucun concept, quel qu'en
soit l'objet et le degré d'abstraction, et jusqu'au concept d'être
lui-même, ne contient autre chose qu'une quiddité, essence ou
nature appartenant à des objets matériels perceptibles aux sens.
Les images, sans lesquelles nous ne pouvons rien concevoir,
sont les marques de l'origine sensible de toutes les notions
abstraites conçues par notre entendement.

La conséquence la plus immédiate de ce principe est aussi
l'une de celles dont il est le plus difficile de comprendre et de
peser au juste le sens. Nous avons les notions de perfections
créées qui, puisqu'elles procèdent de Dieu, sont véritablement
64 en Dieu. S'il n'était | pas au moins ce qu'elles sont, comment

Dieu pourrait-il les causer? D'autre part, Dieu est immatériel et simple, et comme aucune perfection créée n'est représentable pour nous autrement que sous la forme où elle s'offre dans l'expérience sensible, Dieu ne nous est aucunement représentable. Dieu est vraiment ce que le langage nomme bon, beau, vrai, puissant, connaissant, aimant et ainsi de suite, mais quand l'entendement forme ces notions abstraites pour les appliquer à Dieu, ce sont toujours des images d'êtres corporels bons, beaux, puissants, connaissants et aimants qui s'offrent à l'imagination, car l'homme n'en connaît pas d'autres. Il en va ainsi de toutes les notions de ce genre. Dieu est vraiment père, mais la seule paternité que l'homme puisse se représenter est celle d'un vivant engendrant d'autres vivants, et nous savons fort bien que Dieu n'est pas père de la même manière que le fut pour nous l'homme qui nous a engendré. *Comment* Dieu est père, on l'ignore. Autrement dit, la paternité divine ne nous est pas représentable. Dans une formule courageuse, dont le seul défaut est qu'elle peut troubler les hommes d'imagination forte et d'esprit faible, le P. A.-M. Sertillanges, O. P., a dit avec pleine raison que, par l'aspect qui vient d'être décrit, la doctrine thomiste de notre connaissance de Dieu est « un agnosticisme de représentation ».

Ceci, qui est vrai des notions de bon, de beau et autres du même genre, l'est d'abord | de la notion d'*ens*. Tous les noms **65** donnés à Dieu sont des noms de créatures, même celui d'*ens*. Nous n'avons expérience de rien qui ne soit créé, composé et même en partie corporel; or la notion d'être accompagne toutes nos représentations, car bon, beau, vrai, père, c'est autant dire un être qui est bon, qui est beau, qui est vrai, qui est père. On dit souvent, et cela est vrai, que tous nos concepts ne sont en dernière analyse que le concept d'étant, diversement

modifié. Le simple fait que Dieu soit au-dessus de l'étant et
que, pour cette raison même, le sens propre de ce mot, quand
il se dit de Dieu, ne nous soit pas représentable, entraîne en
conséquence qu'aucun des noms donnés à Dieu, même s'ils
sont absolument et positivement vrais au niveau de la connaissance humaine, ne *représente* aucune perfection de Dieu *telle
qu'elle est en Lui*.

De là les formules, surprenantes à plusieurs mais littéralement vraies, où le théologien dit sans ambages que, dans notre
condition présente, nous savons avec certitude *que Dieu est*,
mais nous ignorons *ce qu'il est*. En effet, Dieu est l'être même,
et rien d'autre : *Deus est esse tantum*, mais puisque l'être est
toujours pour nous tel ou tel étant, il nous est impossible de
nous représenter un être dont toute la nature serait d'être, sans
plus ni moins. Que l'on se reporte à la formule concise, pleine,
parfaite, sur laquelle s'exerce ici notre réflexion : notre intel-
66 lect ne peut | saisir que ce qui a une quiddité participant à l'être ;
or la quiddité de Dieu est l'être même ; elle est donc au-dessus
de l'intellect : *sed Dei quidditas est ipsum esse, unde est supra
intellectum*. Saint Thomas évite une fois de plus de dire que
Dieu n'a pas d'essence ; comme toujours, il identifie l'essence
de Dieu, et sa subsistance même, à son être : *est ipsum esse
subsistens* (EE., V) mais, dans ce cas unique, l'essence étant
l'être même, elle est au-dessus de l'intellection.

Saint Thomas l'a souvent redit, et c'est la vérité sur Dieu
dont il importe le plus que l'esprit soit pénétré. *Esse* (être) se
dit en deux sens. En un premier sens, il signifie l'acte d'être
(*uno modo significat actum essendi*) ; en un autre sens, il signifie la composition de la proposition que l'âme invente en unis-
sant le prédicat au sujet. Prenant être (*esse*) au premier sens,
nous ne pouvons connaître l'*esse* de Dieu, pas plus que son

essence, mais seulement au deuxième sens. Nous savons en effet que la proposition formée au sujet de Dieu, quand nous disons : « Dieu est », est vraie, et cela, nous le savons à partir de ses effets (ST. 1, 3, 4, 2ᵐ). *Non possumus scire esse Dei, sicut nec essentiam*; on ne saurait aller plus loin dans cette voie, mais il faut aller jusque-là et, une fois assuré de cette vérité, ne pas s'en laisser déloger, car toute la théologie de la connaissance humaine de Dieu en est inséparable. On sait que la proposition « Dieu est », est vraie et démontrée telle, mais | ce 67 que signifie « est », dans cette proposition, cela est inconnu. Si nous ignorons le sens de *est* dans la proposition *Dieu est*, nous ignorons ce que Dieu est. Faut-il rappeler que l'entendement peut former mainte proposition vraie au sujet de Dieu? Rien n'est plus certain, mais ce n'est pas la question. Saint Thomas dit, répète et maintient simplement que ces propositions, vraies de Dieu, ne font pourtant pas connaître l'essence de Dieu. Elles font connaître ce qu'il est vrai de dire de Dieu en tant que cause de telles perfections créées. De lui-même, dont l'essence est d'être, l'*esse* nous reste ici-bas inconnu : *Esse Dei est ignotum* (QDP., VII, 2, 1ᵐ) [1].

Cette parole est dure et beaucoup refusent d'y consentir, mais tout dépend du niveau où l'âme en quête de Dieu s'interroge sur la connaissance qu'elle en peut acquérir. Il est

---

1. Le lien qui unit la thèse de l'incognoscibilité divine pour nous, en cette vie, à l'identité de l'*essentia* à l'*esse* divin, est fortement marqué dans la question disputée *De Veritate*, qu. II (*De scientia Dei*), art. 11, Resp. – *Cf.* le texte du IVᵉ Concile de Latran, Decret. 3, *Damnamus ergo*, etc., cité dans le *Motu proprio Doctoris Angelici* du pape Pie X, 29 juin 1914 : « Entre le Créateur et la créature, on ne peut assigner une telle ressemblance qu'on ne doive marquer entre eux une dissemblance plus grande encore ». Texte du *Motu proprio* dans J. Maritain, *Le Docteur Angélique*, Paris, Desclée De Brouwer, 1930, p. 246.

certain que l'Écriture parle de Dieu en termes choisis pour ce qu'ils nous font connaître de sa nature et ainsi nous introduire, **68** par la prière, la méditation et la piété, dans une réelle | familiarité avec lui. Le Dieu Qui Est, c'est identiquement celui d'Abraham, d'Isaac et de Jacob, non des philosophes et des savants; vrai Dieu pourtant, à qui le Chrétien parle cœur à cœur, comme Père, Fils et Esprit, particulièrement comme Jésus-Christ, que des yeux humains ont eu le bonheur de voir, et à qui nous avons celui, plus grand encore, de croire sans l'avoir vu. Il n'est pas nécessaire d'en chercher d'autre. Ceux qui s'étonnent que, par leurs spéculations, les théologiens compliquent comme à plaisir la connaissance de la vérité salutaire, auraient raison si la théologie spéculative, avec ce qu'elle comporte de philosophie, était requise comme nécessaire au salut. Mais tel n'est pas le cas. Les problèmes sur lesquels nous exerçons présentement notre esprit ne se posent qu'à ceux qui, désireux de pénétrer aussi avant que possible dans l'intellection de la foi, cherchent une formulation abstraite de ce que la raison naturelle peut comprendre et dire du sens de la parole divine. Leurs réponses à la question précise : Que savons-nous, de savoir proprement dit, de ce que Dieu est ? a reçu, de divers théologiens des réponses diverses, mais tous croyaient au même Dieu sauveur. Toutes les intimités de la piété sont légitimes et bonnes, mais il s'agit ici d'autre chose. À parler strictement, et comme ferait un philosophe, quelle *représentation* pouvons-nous former de Dieu? La réponse **69** correcte à la question est simple : si se | représenter Dieu est se représenter son essence, nous n'en pouvons former aucune.

Il n'y a rien dans cette conclusion qui doive troubler un Chrétien ni alarmer sa piété. Au contraire, car d'abord, comme il vient d'être dit, tout ce que n'importe quel fidèle croit, pense et aime du Dieu de sa foi et de sa charité, le théologien aussi le pense et le chérit en son cœur. On peut (on devrait pouvoir) concevoir Dieu comme Saint Thomas d'Aquin et l'aimer comme Saint François d'Assise. Ensuite, la théologie thomiste ouvre sur la piété et la contemplation mystique des vues qui lui sont propres et dont le prix est proprement infini, car en reculant le Dieu de la foi chrétienne au-delà de toute représentation concevable, elle écarte le péril mortel de l'anthropomorphisme, qui a détourné de Dieu tant d'esprits excellents auxquels on offrait, sous le nom de Dieu, des objets finis que Dieu ne peut pas être et que leur raison ne pouvait admettre. Mais cette théologie fait plus encore. Elle offre à notre charité un Dieu inconnu dont l'infinie et ineffable grandeur, parce qu'elle défie la connaissance, ne peut être étreinte que par l'amour. La religion chrétienne comporte bien des spiritualités diverses, il n'en est pas de plus haute que celle-ci.

La théologie thomiste ne permet cette spiritualité particulière que lorsqu'elle est prise dans son intégralité et sa rigueur, sans édulcoration qui l'affaiblisse. On ne saurait assez | redire que Saint Thomas n'impose jamais rien de son crû ; **70** il n'impose que la foi. Quant aux modes d'intellection qu'il en propose, ceux-ci ne nous lient que dans la mesure où ils obtiennent notre assentiment. Ce que nous ne comprenons pas de sa doctrine reste vrai même si, par insuffisance personnelle, nous sommes incapables d'y assentir. Ce que l'on doit pouvoir éviter, en tout cas, c'est de ramener alors la doctrine à ce que l'on en peut comprendre. Cette manière, trop fréquente, de rendre une doctrine acceptable, a d'ordinaire pour résultat de l'énerver et de la rendre inefficace, sinon fausse. En tout cas, la doctrine cesse alors d'être ce qu'elle est.

On ne dira jamais trop le tort fait aux vérités par ceux qui les protègent contre elles-mêmes en leur substituant des demi-vérités. Comme un médecin qui craint d'administrer les pleines doses des remèdes, celui qui procède ainsi ne tue pas son malade, mais il le laisse mourir. S'il s'agit de la vérité spéculative concernant les principes, on ne peut que l'atteindre entièrement ou la manquer tout à fait. Ne disons donc pas seulement que l'entendement humain n'est pas capable de « comprendre » Dieu : c'est trop évident pour valoir la peine d'être dit. On ne se contentera pas non plus de dire que l'homme ne saurait ici-bas se représenter complètement, parfaitement ou adéquatement l'être divin. Il est permis de s'en tenir à cela, qui est d'ailleurs vrai, si l'on donne son assentiment à une 71 | autre théologie que celle de Saint Thomas d'Aquin, mais sa notion théologique de Dieu et son anthropologie une fois admises, la seule conclusion possible est celle que lui-même en a tirée : *non possumus scire esse Dei*. De la proposition « Dieu est », nous savons qu'elle est vraie ; nous savons aussi quelle vérité elle signifie, car elle affirme l'*esse* de Dieu lui-même, simple, pur et infini ; mais il faut savoir aussi qu'elle ne signifie que notre manière humaine de concevoir l'être divin. Que Dieu est, c'est vrai et on le sait, mais ce que représente le verbe « est », dans le cas de Dieu, on ne le sait pas [1].

---

1. Ceci revient simplement à dire que, notre mode de connaître étant ce qu'il est, nous ne pouvons connaître l'essence divine en cette vie (ST. I, 12, 4) ; or, il n'y a pas de milieu entre voir l'essence de Dieu et le connaître tel qu'il est en soi ; à cet égard, fidèles et païens en sont au même point : « ipsam naturam Dei, prout in se est, neque Catholicus, neque paganus cognoscit » (ST. I, 13, 10, 5ᵐ). Reste, bien entendu, la connaissance indirecte de Dieu à partir de ses créatures (ST. I, 12, 12), ou, comme dit Saint Thomas lui-même, « secundum aliquam rationem causalitatis, vel excellentiæ, vel remotionis » (ST. I, 13, 10,

| Telle est la vérité de la doctrine. En la proposant dans **72** toute sa force, Saint Thomas n'a vraiment qu'une raison de s'y tenir, c'est qu'elle est vraie. Les résistances qu'elle provoque dans tant de bons esprits, loin de l'infirmer, la confirment, car l'impossibilité où nous sommes de nous représenter l'être de Dieu tient précisément à notre mode proprement humain de connaître par concepts quidditatifs abstraits de l'expérience sensible. Que l'on nous refuse tout concept quidditatif d'un objet, il semble qu'on nous refuse l'objet lui-même; l'entendement entre alors en révolte et revendique ses droits.

Le reproche d'agnosticisme parfois dirigé contre cette partie de la théologie thomiste n'a pas d'autre origine. Saint Thomas connaissait la difficulté pour l'avoir éprouvée lui-même, car il était homme comme nous, et l'homme ne pense pas sans images, ce qu'on le somme précisément de faire en exigeant qu'il affirme l'être de Dieu sans aucunement imaginer ce que Dieu est. Mais, précisément, tout être imaginable est un acte d'être limité par une essence, au lieu que l'être pur de Qui Est n'est limité par aucune détermination. C'est la mer infinie d'entité dont parlait Saint Jean Damascène : *quodam pelagus substantiæ infinitum, quasi non determinatum*[1]. Cet être totalement indéterminé par aucune essence n'est donc aucunement imaginable ni | représentable pour un entendement **73**

5m). De cette connaissance « analogique » de Dieu, on verra plus loin le fondement métaphysique à propos de la notion thomiste de participation dans l'ordre de l'exister. Ce qu'il faut ici retenir, c'est qu'un païen et un catholique peuvent employer le mot « Dieu » au même sens lorsque l'un dit : cette idole est Dieu, et que l'autre répond elle n'est pas Dieu. Ils en savent assez de Dieu (par ses effets) pour pouvoir s'accorder ou se contredire à son sujet, mais ni l'un ni l'autre ne connaît la nature de Dieu telle qu'elle est en soi, c'est-à-dire, *facie ad faciem*.

1. *In I Sent.*, dist. 8, art. 1, ad 4m; Mand., I, p. 196.

dont la fonction naturelle et propre est de définir tous ses objets
par leurs essences, ou quiddités.

Ainsi s'explique la gêne, inévitable parce que naturelle,
que l'intellect humain ressent lorsqu'il est mis en demeure
d'affirmer l'existence d'un être dont il ne peut concevoir
l'essence. Le progrès d'une abstraction voulue, obstinée, quasi
violente parce que contraire à son mode présent d'intellection,
conduit l'intellect à dépouiller successivement son objet de
tout ce qu'il contient encore de représentable. Qui Est n'est pas
un corps, mais puisque tout ce que l'on imagine est corps, Dieu
n'est pas imaginable, et puisque l'on ne conçoit pas sans imaginer, Dieu n'est pas proprement concevable. Ce n'est pas
tout, car après avoir écarté de Dieu toute détermination corpo-
relle, il faut en outre écarter de sa notion toutes les déterminations intellectuelles qui se rencontrent dans les créatures :
matière et forme, genre et différence, sujet et accident, acte et
puissance, de sorte qu'à mesure que cette abstraction métaphysique progresse, Dieu ressemble de moins en moins à quoi
que ce soit que nous connaissions. Le coup de grâce est donné
lorsque l'entendement est mis en demeure de concevoir un être
sans autre essence que lui-même, car ceci revient pour lui, en
fait, à concevoir un être sans essence, ce qui lui est impossible.
D'où la confusion où cette pensée le jette : *et tunc remanet*
74 *tantum in intellectu nostro, quia est, et nihil amplius,* | *unde est*
sicut in quadam confusione [1]. Ceux que gêne cet embarras
doivent savoir qu'ils le partagent avec tous les hommes et que
Saint Thomas lui-même en a souffert avant eux.

---

1. *In I Sent.*, loc. cit.

Pourquoi donc s'y exposer? C'est qu'il y va du tout de la théologie. Il y a un temps pour se représenter Dieu et il y en a un pour ignorer ce qu'il est. Ce deuxième temps est celui de la connaissance de Dieu la plus parfaite qui soit accessible à l'homme en cette vie, et il est la suprême récompense du théologien si, comme c'est ici le cas, sa théologie inclut organiquement la philosophie dont elle use et la mystique sur laquelle elle s'ouvre à son sommet, étant elle-même à la fois tout cela sans cesser d'être une, *velut quædam impressio divinæ scientiæ, quæ est una lex simplex omnium* (ST. I, 1, 3, 2 m).

On ne comprend bien ces choses que lorsqu'on peut se les dire en termes simples. Disons donc qu'après avoir fait effort, comme il se doit, pour attribuer à Dieu l'essence la plus parfaite qui se puisse concevoir, le théologien doit encore s'imposer une deuxième série d'efforts, incomparablement plus difficiles, pour s'interdire de se représenter Dieu sous l'aspect d'aucune de ses créatures, si noble soit-elle. En somme, après s'être efforcé de concevoir Dieu à partir de ses créatures, il faut s'efforcer plus encore de ne pas le | concevoir comme l'une 75 quelconque de ses créatures, les seuls êtres pourtant que nous concevions vraiment.

Rien n'est plus difficile, car connaître est normalement pour nous assimiler, alors qu'on nous somme ici de transcender toute ressemblance. Du différent de ce que l'on connaît, en tant que différent, que connaît-on? Pourtant, c'est cela même qu'il faut en venir à affirmer sans pouvoir se le représenter, et c'est ce que Saint Thomas nomme, avec Denis, la «théologie négative». Celle-ci n'a pas la théologie affirmative en moins, car si l'on n'affirmait rien de Dieu, qu'aurait-on à nier pour le transcender? Elle est, au contraire, un dépassement de ce que l'on sait de Dieu pour le situer au-delà de tout ce que nous pouvons dire de lui. Effort difficile parce qu'il est à contre-pente de notre nature. L'homme ne peut penser à Dieu sans se le représenter comme *un être*, la tentation renaît pour lui chaque fois qu'il y pense, et chaque fois aussi, séduit par un concept illustré de quelque image, le théologien doit lui dire non.

L'idée de le faire ne viendrait peut-être pas à l'esprit d'un simple philosophe. Pourquoi vouloir dépasser ce que l'on connaît pour s'engager dans ce que l'on ne connaît pas ? Il y a toujours un philosophe qui veille au cœur du théologien thomiste et, lui aussi, ce philosophe, il aimerait se reposer dans l'illusion qu'il connaît l'essence de Dieu, mais Qui Est **76** | n'a d'autre essence que d'être, et ce pur Est, comment le concevoir ? Il faut donc avoir le courage de dépasser toute représentation et, dans la mesure où l'homme ne connaît pas sans images, toute connaissance, pour s'enfoncer dans cette ignorance de ce qu'est Dieu, et l'atteindre, dans l'obscurité, au-delà de ce que l'on « sait » de lui. C'est en ignorant Dieu qu'on le connaît le mieux, dit Saint Augustin : *melius scitur nesciendo* (*De ordine*, II, 16, 44) ; Saint Thomas ne dit pas autre chose, mais il en apporte la plus forte des raisons.

Pour obtenir le courage d'entrer dans cette obscurité (*caligo*) où, précisément, Dieu habite, il faut l'obtenir de lui en le priant de nous l'accorder. Saint Thomas l'a si bien dit qu'on ne peut ici que lui laisser la parole :

> Dieu est de plus en plus connu à mesure qu'on le connaît comme de plus en plus éloigné de tout ce qui paraît dans ses effets. C'est pourquoi Denis dit, au livre *Des noms divins*, qu'on le connaît comme cause de toutes choses, en le situant au-delà d'elles et en les niant de lui. Pour ce progrès dans la connaissance, la pensée de l'homme reçoit le secours suprême

lorsque sa lumière naturelle est fortifiée par une illumination nouvelle, telle que la lumière de la foi, celle du don de sagesse et celle du don d'intelligence, grâce auquel, comme l'on dit, la pensée s'élève dans la contemplation au-dessus d'elle-même, en ce qu'elle connaît que Dieu est au-dessus de tout ce qu'elle comprend naturellement. Mais | la pensée est incapable de 77 pénétrer jusqu'à voir l'essence de Dieu ; aussi dit-on qu'elle est comme refoulée sur elle-même par l'éclat de cette lumière. C'est pourquoi, au passage de la Genèse (32, 30) où Jacob dit : « J'ai vu Dieu face à face », la Glose de Grégoire observe que « le regard de l'âme, quand il se tourne vers Dieu, est réfléchi par l'éclat de son immensité [1].

Denis dit le dernier mot de la théologie spéculative chez Saint Thomas d'Aquin : une savante nescience de Dieu en est pour nous ici-bas le savoir suprême. Rien de plus positif que cette méthode négative qui, accumulant d'abord toutes les propositions affirmatives vraies que l'on peut former au sujet de Dieu, ne les nie ensuite de lui que parce que notre pensée ne peut savoir de combien Dieu les transcende. Et, en effet, la perfection de l'être pur les transcende toutes, infiniment.

---

1. *In Bœthium de Trinitate*, I, 2, Resp. éd. B. Becker, p. 66-67.

AU-DELÀ DES ONTOLOGIES

> *… ipsum esse ejus, videbimus, quod est ejus*
> *essentia.*
>
> ST. I, 12, 6, 1ᵐ

Il ne faut pas discuter sur les mots, dit le proverbe. Saint Thomas l'a cité en l'approuvant, car telle est l'attitude du sage, mais il ne s'est pas contenté de l'approuver : *de nominibus non est curandum*, voilà bien ce que fut en effet sa pratique. Sa terminologie, a-t-on remarqué à bon droit, est d'une liberté surprenante[1]. Tous ceux qui l'étudient de près en font l'expérience, et celle-ci risque même de causer quelque trouble quand on ne comprend pas clairement le sens de cette liberté de langage, et sa raison.

Lorsqu'il semble user indifféremment de terminologies métaphysiques d'origines | différentes, au scandale de l'histo- **80** rien de la philosophie, Saint Thomas se comporte en théologien exact, non en philosophe négligent. Sa technique

---

1. L. Œing-Hanhoff, *Ens et Unum convertuntur…*, Münster i. W., Aschendorf, 1953, p. 3.

philosophique préférée, et de beaucoup, est celle d'Aristote, le Philosophe, mais il sait qu'entre les philosophes plusieurs autres ont approché la vérité d'assez près et l'ont exprimée de manières différentes qui, moins bonnes sans doute, méritent pourtant d'être prises en considération. Ceci est d'autant plus vrai que certains de ces langages philosophiques ont été adoptés par des théologiens de grande autorité, tels qu'Augustin, Denis, Hilaire de Poitiers, Jean Damascène, pour ne nommer que les plus grands parmi les Chrétiens. Si désireux soit-il de se donner à lui-même le langage le plus rigoureusement exact qui se puisse, et on peut toujours savoir auquel il donne la préférence, Saint Thomas n'a jamais prétendu remplacer la tradition théologique par une doctrine nouvelle, toute person-nelle, qui serait la sienne. Comme théologien, il n'enseigne rien d'autre que la *sacra doctrina*, elle-même substantiel-lement identique au dépôt de la foi qui, pour tous, partout et toujours, est demeuré le même. Ce que l'on peut essayer de faire est de pénétrer un peu plus avant dans l'intellection de la foi et, ce faisant, de conférer à la théologie une exactitude scientifique plus rigoureuse, mais mieux vaudrait ne pas le tenter si ce progrès devait se payer d'une rupture avec la tradition.

81 | Il ne faut donc pas être surpris de voir Saint Thomas, à mesure qu'il pénètre plus loin dans l'intelligence du donné révélé et du dogme de l'Église, éviter de se mettre lui-même en avant. Son principal souci n'est pas celui d'un philosophe toujours prompt à s'affirmer comme différent de ses prédéces-seurs. Au contraire, c'est celui d'un théologien qui, là où il croit devoir parler différemment, ou prendre des mots anciens en un sens nouveau, est avant tout soucieux de bien établir que ce qu'il dit est cela même que ses prédécesseurs avaient déjà dit.

Rien ne réconciliera jamais les historiens à cette attitude, qui est la négation même de la vérité littérale, un peu plate mais respectable en soi, de l'histoire. On évitera soigneusement ici deux erreurs opposées. L'une est de vouloir justifier historiquement des interprétations historiquement injustifiables. L'historien ne peut attribuer à Augustin, à Denis, à Boèce, que les pensées qu'eux-mêmes semblent avoir eu présentes à l'esprit en écrivant leurs œuvres. L'entreprise de dire ce que furent ces pensées n'est déjà que trop ardue et l'on s'y trompe souvent, mais enfin, s'il ne le fait, c'est là ce que l'historien se propose de faire. Il n'y a pas de vérité de deuxième classe ; si modeste que soit la chose, l'adéquation de l'intellection et de la chose a toujours droit au même respect.

L'autre erreur serait de vouloir réduire la vérité théologique à celle de l'histoire doctrinale. | On en revient ici à ce **82** malheur des temps qu'est l'oubli, ou la méconnaissance, des prérogatives de la sagesse par excellence. Il faut laisser à l'histoire son domaine, ses méthodes et ses droits. Aucun historien n'acceptera jamais d'attribuer à un philosophe, fût-ce en s'appuyant sur son langage authentique, des pensées dont rien ne permet de supposer qu'elles aient été présentes à son esprit. En histoire des idées, ce qui fut étranger à la conscience du philosophe n'intéresse pas l'historien. Mais la théologie est comme une empreinte de la science divine qui, une et simple, sait tout à la fois. La parole de Dieu contient éminemment toute l'intellection qu'au cours des temps l'effort des théologiens saura progressivement en conquérir. Solidaire de ce progrès, le théologien n'est donc que l'un des membres d'une famille spirituelle dont il continue l'effort. En y ajoutant le sien, il n'oublie pas ceux qui l'ont précédé, mais quand il se remémore leur œuvre, c'est rarement pour la critiquer comme dépassée, c'est, au contraire, pour faire voir que ces théologiens *avaient déjà tenté de dire* la vérité qu'il dit à présent lui-même, un peu mieux, peut-être, mais identiquement la même vérité.

Qu'on s'exerce donc à lire en théologien la théologie de Saint Thomas d'Aquin, et qu'on ne le fasse pas comme un pis aller, car dès qu'il saura s'élever à ce point de vue plus haut que celui de l'histoire, l'historien éprouvera la même surprise que le philosophe à | qui il arrive de prendre quelque vue plongeante sur les philosophies du passé. Il est bien vrai que, prise en elle-même, chaque doctrine n'a dit que ce que le philosophe lui-même a pensé, mais il n'a pas nécessairement vu toute la vérité de sa propre doctrine. Souvenons-nous de la comparaison lourde de sens proposée par Saint Thomas au début de la *Somme de théologie* (I, 1, 3, 2ᵐ) : la théologie est aux autres sciences dans un rapport analogue à celui du sens commun aux cinq sens. Le *Sensus communis* lui-même ne voit ni n'entend : c'est l'affaire des sens externes, mais, faculté supérieure, il recueille, compare et juge les données des cinq sens sous une raison formelle plus universelle. Le théologien fait quelque chose de semblable. Se tournant vers les philosophies et théologies, il rejette d'abord sans fausse complaisance ce qu'il y aperçoit de mal venu ou, plus encore, de faux, mais dans certaines d'entre elles, il lit au contraire, comme en filigrane, des vérités plus plénières que celles que leurs auteurs ont eu conscience de connaître. Lui-même vient d'en avoir claire conscience parce que, venant après eux, et grâce à eux, sa raison naturelle a procédé plus avant sur la même route qu'éclaire pour lui la lumière de la révélation.

Le cas le plus frappant d'un tel progrès théologique est celui de la notion de Dieu. Les Chrétiens ont toujours su qu'il est l'Être, mais il leur a fallu du temps pour préciser le | sens **84** d'une formule dont, à vrai dire, le contenu excède nos prises. L'être, dit Saint Augustin, c'est le nom de l'immutabilité, et cela est vrai. L'être, ajoute-t-il, c'est l'*essentia*, l'essence ou entité, et cela aussi est vrai. On peut dire encore que Dieu est nature, car on parle de la nature divine; ou qu'il est substance, puisque le Fils est consubstantiel au Père. La liturgie même consacre ce langage : *in essentia unitas*. Ce langage est vrai et d'ailleurs nous n'en avons pas d'autre puisqu'il est le seul où, au cours d'un examen séculaire sanctionné par des décisions dogmatiques irrévocables, l'Église ait reconnu l'expression exacte de sa foi. C'est d'ailleurs de là que part le théologien dans son effort pour gagner quelque intellection de la vérité salutaire. Ce faisant, il observe que, comme celui de l'Écriture même, le langage dont il lui faut bien user est un langage humain, fait pour dire la vérité sur les choses plutôt que sur Dieu. Alors, sans en changer un mot mais en approfondissant et purifiant son sens, il le charge du maximum de vérité rationnelle dont, autant que lui-même le comprenne, ce langage est susceptible. Dieu est donc nature, mais la nature divine est, si l'on peut dire, la *natura essendi*. Dieu est pareillement substance, mais non point au sens de *sub-stans*, car il n'est *sous* rien; Dieu est substance en tant qu'il est l'acte même d'être, dans son absolue pureté. De même encore Dieu est vraiment essence, puisque l'*essentia*, ou entité de « ce | qui est », consti- **85** tue pour nous la réalité même de l'être. C'est pourquoi,

voulant dire que, dans la vision béatifique, les élus connaîtront
Dieu tel qu'il est et non point à sa place quelque créature si
noble soit-elle, ou quelque théophanie si splendide qu'on la
suppose, le théologien maintient que voir Dieu « face à face »
signifie « voir l'essence divine ». Qu'on relise et médite à ce
propos toute la question 12 de la *Somme de théologie*, Ire Partie,
où Saint Thomas demande si un intellect créé peut voir
Dieu *per essentiam*? Pas un instant on ne l'y voit hésiter sur le
terme, car il est écrit de Dieu (Jean, 1, 3) : *Videbimus eum sicuti
est*, et comment traduirait-on mieux voir Dieu tel qu'il est,
qu'en disant : voir l'essence de Dieu? Il faut donc l'accorder :
*Unde simpliciter concedendum est, quod beati Dei essentiam
videant* (ST. I, 12, 1). En effet, on le concèdera *simpliciter*,
c'est-à-dire sans réserves. Car on ne fait aucune réserve en
demandant ensuite : qu'est-ce que l'essence de Dieu? Voir
l'essence de Dieu, c'est voir Dieu tel qu'il est; or il est Qui
Est, l'acte infini d'être dans sa pureté. Ainsi donc, d'une part,
quand un intellect créé voit Dieu *per essentiam*, c'est l'essence
même de Dieu qui devient la forme intelligible de cet intellect
(ST. I, 12, 5), mais, en même temps, puisque l'essence divine
est identiquement cet acte pur d'être, voir Dieu tel qu'il est
consiste à voir cet *esse*, qui est en lui l'essence : *Videbimus
86 eum ita esse, sicuti est, quia ipsum esse videbimus,* | *quod est
ejus essentia* (ST. 1, 12, 6, 1^m). Le mode d'être propre à l'objet
définit du même coup la manière de le voir « tel qu'il est ».

Le langage théologique de Saint Thomas est donc celui
même de l'Église universelle comme sa foi est celle même de
l'Église universelle, mais en donnant à tous pour guide et
norme la théologie de Saint Thomas, l'Église recommande,
sous le nom de philosophie chrétienne, l'*intellectus fidei*

particulier qui fut l'œuvre propre de celui qu'elle a choisi pour son Docteur Commun. Au centre, et comme au cœur de cet enseignement si riche et divers à tant d'égards, se trouve une certaine notion de Dieu conçu comme l'être unique *cujus esse est essentia*. Cette notion donne à cette théologie son sens proprement thomiste; c'est à la lumière de l'*ipsum esse* qu'il faut interpréter tout ce que Saint Thomas dit de Dieu et même, comme on va voir, tout ce que sa théologie dit des étants dont l'univers se compose, car ce qui les caractérise en propre est précisément que, parce qu'ils sont des étants, ils ne sont pas l'*ipsum esse*.

Ici, une fois de plus, le philosophe se rebelle. Il voudrait se faire démontrer tout ce que le théologien lui affirme, et comme ce philosophe est en chacun de nous, on ne l'apaise pas sans efforts. Il ne s'agit d'ailleurs pas de se débarrasser de lui, mais de faire justice à ce qu'il y a de légitime en sa demande. Tout n'en est pas légitime, car ce philosophe semble trop souvent ignorer ce qu'est la théologie; | peut-être ne sait-il même pas **87** toujours au juste ce qu'est la métaphysique, car ce qu'il désigne de ce nom n'est trop souvent qu'une fiction de l'imagination prise pour une évidence de l'entendement.

Si surprenant que cela paraisse à ceux qui ne l'ont pas essayé, il est très profitable d'aborder la notion de connaissance métaphysique à partir de la théologie, car on en découvre mieux les limites, et cela non point du tout en la rapetissant, car elle reste la plus haute sagesse de l'homme en tant qu'homme, mais en la comparant à la Sagesse de Dieu.

La métaphysique est science, on le maintient avec raison contre l'idéalisme critique, mais, comme toute science, elle démontre à partir de principes qui, précisément parce qu'ils

sont ce à partir de quoi le reste se démontre, ne sont pas eux-
mêmes objets de démonstration. C'est ce que dit Saint Thomas
dans son commentaire sur la *Métaphysique* (IV, lect. 6,
n. 599). Après avoir rappelé les deux premières conditions
auxquelles doit satisfaire le premier principe (qu'on ne puisse
se tromper à son égard et qu'il soit inconditionnellement vrai)
Saint Thomas ajoute : « la troisième condition est qu'il ne soit
pas acquis par démonstration ou d'autre manière semblable,
mais qu'il s'offre quasi naturellement à celui qui le possède,
comme s'il était connu naturellement et ne résultait pas d'une
acquisition ».

88   En effet, les premiers principes sont connus | par la lumière
même de l'intellect agent, et non point par des raisonnements,
mais du seul fait qu'on en comprend les termes. Résumant la
doctrine, Saint Thomas conclut : « Il est donc manifeste qu'un
principe très certain, ou très assuré, doit être tel qu'on ne puisse
errer à son sujet, être inconditionnel et être naturellement
connu ».

Tel est en effet le premier principe de la démonstration, qui
est le principe de non contradiction, savoir : il est impossible
que la même chose soit et ne soit pas dans le même sujet, à la
fois et sous le même rapport. Cette règle universelle et condition première de toute pensée cohérente est inconditionnellement et certainement vraie. Tout esprit humain la conçoit
spontanément et se règle naturellement sur elle, comme sur sa
lumière même. Pourtant, cette règle de toute connaissance n'en
produit elle-même aucune; les conclusions qu'elle garantit
valent ce que valent les notions dont elle interdit de rien penser
de contradictoire. Ce premier principe du raisonnement présuppose donc un premier principe des appréhensions simples.

Ce principe est l'être, très assuré lui aussi, inconditionnel et immédiatement conçu par l'intellect au contact de l'expérience sensible. Que nous en apprend le principe de contradiction? Que l'être est ce qu'il est et qu'il ne saurait être autre chose, à la fois et sous le même rapport; mais qu'est-ce que l'être? C'est là, comme le disait déjà Aristote, l'antique question, | toujours disputée et jamais complètement résolue. **89** Ayant établi que le principe de contradiction est le premier principe, la métaphysique ne perd pas son temps à nous en enseigner l'usage; la logique est chargée de ce soin. L'objet propre de la métaphysique est précisément de chercher ce qu'est l'être. En un sens, il n'est personne qui l'ignore, car on ne pense rien que comme un être, et chacun, dès qu'il commence de penser, le fait conformément à ce principe qui est la loi fondamentale de l'entendement. L'usage en est vraiment nécessaire, universel et infaillible. Mais que la réponse à la question sur la nature de l'être soit, elle aussi évidente, qui le soutiendra? On ne saurait le prétendre et, à la fois, dénoncer les erreurs de l'ontologisme, sans violer précisément le principe de contradiction. Car l'ontologisme n'est rien s'il n'est une erreur sur la nature de l'être. On sait avec une certitude première que l'être est, qu'il est ce qu'il est et qu'il ne peut être autre chose, mais ce qu'il est, le savoir est une bien autre affaire. On en parle depuis tantôt vingt-cinq siècles et même Martin Heidegger n'a pas encore trouvé réponse à la question.

Rien en cela de tellement surprenant, car si l'être est principe, il n'y a rien au-delà à quoi l'on puisse remonter pour l'éclairer. C'est en lui, dans sa notion, qu'il faut s'établir pour le connaître, et puisqu'elle est proprement illimitée, débordant

90 tout objet particulier et l'incluant, on ne peut jamais se | tromper
    complètement sur lui. Ce que l'on dit qu'il est n'est peut-être
    pas *l'être*, mais à moins que ce ne soit néant, c'est *de l'être*. La
    marche à la conquête du premier principe, tant de fois décrite
    par Saint Thomas, de Thalès et des « physiciens » d'Ionie à
    ceux qui, finalement, ont poussé jusqu'au problème de l'exi-
    stence, fait assez voir qu'il s'est produit à cet égard un véri-
    table progrès de la pensée métaphysique. Chacun doit recom-
    mencer l'effort pour son propre compte, et bien qu'avec tant de
    guides ce soit à présent plus facile, les occasions d'errer restent
    assez nombreuses. Certains en sont encore à Thalès, mais au
    lieu de dire l'eau, ils disent l'Énergie ; d'autres s'arrêtent en
    compagnie d'Anaxagore, mais au lieu de dire l'intellect, ils
    disent l'Évolution. Plus courageux, certains poussent jusqu'au
    point de vue de Platon ou d'Aristote, d'où l'être apparaît
    comme l'Un ou comme l'Entité, substance ou essence, et
    plus l'esprit s'élève vers le pur intelligible, plus la lumière
    l'éblouit, plus il hésite. On ne s'étonnera donc pas que toutes
    les métaphysiques de l'être ne s'accordent pas exactement sur
    ce qu'il est.

        Ceci une fois entendu, il reste à comprendre que, même
    lorsqu'elles diffèrent, les métaphysiques de l'être ne se contre-
    disent pas à proprement parler. Elles ne se contredisent que
    dans la mesure où, étant incomplètes, certaines nient ce
    qu'affirment de vrai celles qui en savent plus long sur la nature
91 de l'être. | On pourrait encore dire que les métaphysiques de ce
    genre sont vraies dans ce qu'elles affirment de l'être, fausses
    seulement en ce qu'elles en nient. C'est même pourquoi, bien
    que chacune d'entre elles semble particulièrement qualifiée
    pour éclairer le domaine particulier de l'être où elle s'installe,

certaines de ces métaphysiques sont plus vraies que d'autres, parce que tout en rendant justice à celles des propriétés de l'être que les autres mettent en évidence, elles en savent en outre autre chose qu'elles sont seules à savoir et qui est peut-être le plus important. La métaphysique vraie, dans les limites de la connaissance humaine, est celle qui, posant l'être comme le principe premier, très assuré, inconditionné et infaillible, le conçoit de manière telle qu'on puisse éclairer par lui, et par lui seul, tous les caractères des êtres donnés dans l'expérience, avec l'existence et la nature de leur cause. S'il existe vraiment une telle notion de l'être, la métaphysique qui s'en réclame n'est pas simplement plus vraie que les autres, elle est vraie, absolument.

Quelle est donc cette métaphysique, d'où l'on voit tout ce que voient les autres, et davantage? Les théologiens en quête d'une intellection de la foi se sont naturellement tournés, pour en user à leurs propres fins, vers des métaphysiques de l'être. Dieu lui-même n'avait-il pas revendiqué l'être comme son propre nom? À peu près sans exceptions, toutes les philo-sophies chrétiennes sont des | philosophies de l'être, toutes **92** mettent en lumière une ou plusieurs de ses propriétés transcen-dentales et, dans cette mesure même, toutes sont vraies. Il est bon de les connaître, pour préférer la meilleure. La vision béa-tifique elle-même, toute vision face-à-face qu'elle est, admet des degrés; les Intelligences séparées forment des ordres et une hiérarchie; pourquoi les intellections métaphysiques de l'être n'admettraient-elles pas, elles aussi, des degrés de perfection? Il ne faut pas que la quête du vrai absolu s'arrête à mi-chemin, mais à quelque point qu'elle soit parvenue, elle est justifiée. Cette comparaison de lumières est bonne en soi et bienfaisante aux autres, pourvu seulement qu'elle se poursuive dans la paix.

Les grandes philosophies chrétiennes ont toutes quelque chose à nous apprendre, et nul ne l'ignore, car est-il un seul thomiste qui, sous prétexte d'être plus fidèle au Maître, s'interdirait de lire Saint Augustin ? La notion d'un Dieu dont, parce qu'il est Est, l'essence est l'immutabilité, ouvre l'accès d'une dialectique du temps et de l'éternité dont l'objet est l'homme même, l'existant que le flot du devenir emporte, rongé du dedans par son propre manque d'être et cherchant à s'en racheter par une adhésion passionnée à l'*Ego sum et non mutor*. L'appel d'Augustin est dans toutes les mémoires : *Quando solidabor in te ?* On refusera difficilement de tenir pour vraie **93** l'ontologie dont les *Confessions* s'inspirent. | Si ce n'est là une philosophie chrétienne et une théologie authentiques, il n'y en a pas.

Duns Scot pose un autre problème, et plus difficile, car il n'ignore pas Saint Thomas d'Aquin. Venu après lui, il ne croit pas pouvoir le suivre. Qu'est-ce que cet *esse* thomiste, qui s'ajouterait au réel pour le faire être, comme si ce qui est avait encore besoin qu'on le fasse exister ? Je ne comprends pas, dit Duns Scot. En effet, pour lui, l'être est l'essence même, et puisque l'essence est l'être, elle ne supporte aucune addition : *nullum esse dicit aliquid additum essentiæ*. Ainsi pensent encore les Scotistes. Et pourquoi les combattre ? L'essence est l'objet le mieux proportionné à l'entendement humain dans sa condition présente. Saint Thomas le reconnaît, comme il reconnaît la difficulté de concevoir en soi cet *esse* qui, acte d'être de l'essence, n'est pas lui-même une essence. Pourquoi le Scotiste accepterait-il de remplacer une notion éminemment satisfaisante pour l'esprit par une que ceux mêmes qui la proposent tiennent pour difficile à concevoir? Sans doute, il y a des difficultés, car le réel proprement dit n'est pas l'essence, mais l'individu, et il y a dans l'individu plus que l'essence. Comment, à partir de l'essence, expliquer l'individualité? La réponse est connue et l'école scotiste se fait souvent gloire du sens aigu de l'individuel dont elle fait preuve. Et à bon droit, mais l'heccéité n'occupe dans le scotisme une telle place que parce qu'il faut beaucoup | s'efforcer pour lui en trouver une.   **94** C'est la difficulté d'expliquer l'individu à partir de sa propre notion de l'être qui a fait du scotisme une métaphysique de l'individuel. Salutaire avertissement à tant de thomistes qui confondent individuation et individualité, car si la métaphysique de l'*esse* n'expliquait pas l'individualité mieux encore que celle de l'essence, il y aurait lieu de la réviser. Mais, on le sait, *unumquodque est per suum esse* (CG. I, 22, 5). L'*esse*, qui n'est pas le principe d'individuation, est l'acte premier de toute individualité, et il est bon de s'en souvenir.

Mais encore, qu'est-ce donc que l'être? À cette question, Suarez et ses disciples répondent: c'est l'*essentia realis*. On reste donc très proche du scotisme. Pourtant, précisent-ils, l'essence réelle n'est pas exactement l'objet propre de la métaphysique. Celui-ci, diraient-ils plutôt, est l'être en tant qu'être, dans la complète indétermination de sa notion, qui prescinde l'existence. Ici, la *réalité* de l'essence ne se confond pas avec son *actualité*, ou son *existence*; elle ne s'oppose pas au possible; le réel peut être possible aussi bien qu'actuellement existant. Ainsi entendue, la métaphysique a pour objet l'être, abstraction faite de l'existence. L'être métaphysique est le même, qu'il existe ou n'existe pas.

C'est l'antipode du thomisme. Pourtant, combien de fois n'a-t-on pas substitué Suarez à Saint Thomas, prêtant à celui-ci une métaphysique où l'être se distingue en réel et possible, |opposant en lui l'être en acte à l'être en puissance, comme si la puissance était autre chose qu'une moindre actualité? On argumenterait pourtant en vain, et ceux qui l'ont essayé le savent bien, car les suaréziens ont, eux aussi, leurs raisons. Ils se méfient de cet *esse*, dont il est si difficile de se former une notion distincte. C'est comme essences, et seulement comme essences, disent ces philosophes, que les êtres créés peuvent devenir pour notre entendement des objets de science[1]. L'étrange science que celle de choses créées conçues telles qu'elles *seraient* si elles *n'existaient pas*! Mais cette illusion même a son usage. Il ne manque pas aujourd'hui d'esprits qui, dans leur enthousiasme pour la notion thomiste d'*esse* qu'ils viennent de redécouvrir, seraient prêts à lui sacrifier les essences, au risque de faire du thomisme une anticipation de l'existentialisme contemporain. Mais sans essences, aucun être autre que Dieu ne serait possible. L'essence est la condition de la possibilité même de l'existence d'êtres finis. Images de la gloire des Idées divines, ces purs diamants intelligibles que sont les essences doivent rester pour nous la réalité même des êtres. Il n'est pas nécessaire pour cela de les séparer de l'existence, sans rapport à laquelle le possible lui-même n'est rien.

96 |Pour que la vérité plénière du thomisme éclate aux yeux, il suffit de se poser cette question: y a-t-il un seul des

---

1. P. Descoqs, S.J., *Institutiones metaphysicæ generalis. Éléments d'ontologie*, Paris, G. Beauchesne, 1925, t. I, p. 100-101.

caractères de l'être, tel que les autres philosophies chrétiennes le conçoivent, dont la métaphysique thomiste ne rende pas raison? Si la réponse est négative, on posera ensuite cette deuxième : y a-t-il une autre doctrine qui rende aussi complètement raison de toutes les propriétés de l'être en tant qu'être ? Si, cette fois encore, la réponse est négative, il faudra conclure que la métaphysique chrétienne de Saint Thomas d'Aquin dit la vérité même sur son objet, car dire de l'être, non certes tout ce qu'il est, mais tout ce que l'intellect humain peut en savoir ici-bas, c'est bien réaliser l'adéquation de l'intellection et de la chose, en quoi la vérité consiste. On ne saurait remonter au-delà.

LA VÉRITÉ FONDAMENTALE

> *Et sic fit ut ad ea quæ sunt notissima*
> *rerum, noster intellectus se habeat, ut*
> *oculus noctuæ ad solem, ut secundo*
> *Metaphysicorum dicitur.*
>
> CG. I, 11, 2

Peu de philosophes évitent la tentation de philosopher sans autres présuppositions que la pensée même. C'est en y cédant sans réserve que Fichte a élevé le prodigieux monument que l'on sait. Nul philosophe chrétien n'est allé jusque là, mais plusieurs d'entre eux ne cachent pas leur déplaisir quand on les exhorte à regarder et, si possible, à voir, une vérité première qui, à ce titre, n'est pas objet de démonstration. C'est pourquoi, tenant la composition d'essence et d'existence dans le fini pour la vérité fondamentale de la philosophie chrétienne, ils n'ont pu supporter l'idée de la laisser à l'état d'affirmation | arbitraire et ont entrepris de la démontrer.   **98**

Disons d'abord, pour éviter toute équivoque, que la distinction (ou composition) d'essence et d'être, dans le fini est en effet démontrable, sous de certaines conditions, pourtant, dont il importe au plus haut point de comprendre la nature.

Dans une excellente étude consacrée au *De ente et essentia* [1] on a ramené à trois les principaux types d'arguments par lesquels Saint Thomas établit cette distinction fameuse dans les écoles.

Le premier, dont l'origine est certainement chez Avicenne, mais que Saint Thomas peut avoir lu dans les écrits de Guillaume d'Auvergne, est clairement exposé dans le *De ente et essentia*, IV : « Tout ce qui n'est pas de la notion d'une essence, ou quiddité, lui advient de l'extérieur et fait compo-

99 sition avec cette | essence, car nulle essence ne peut être conçue sans ce qui en fait partie. Or toute essence ou quiddité peut être conçue sans que l'on conçoive quoi que ce soit de son existence ; en effet, je peux concevoir ce qu'est un homme, ou un phénix, et pourtant ignorer s'il en existe dans la nature. Il est donc manifeste que l'être est autre que l'essence, ou quiddité ».

L'argument est irréfutable, mais que prouve-t-il ? D'abord que l'être actuel n'est pas inclus dans la notion de l'essence. Comme le dira plus tard Kant, dans la notion de cent thalers, celle de la notion de thaler est la même, qu'il s'agisse de thalers simplement possibles ou de thalers réels. Ensuite, comme le dit expressément Saint Thomas, il prouve *quod esse est aliud ab essentia vel quidditate*. Pour qu'une essence passe du

---

1. M.-D. Roland-Gosselin, O.P., *Le « De ente et essentia » de Saint Thomas d'Aquin*, « Bibliothèque Thomiste » VIII, Paris, Vrin, 1926, nouveau tirage, 1948, p. 187-189. Cette étude, devenue classique, expose « les arguments au moyen desquels Saint Thomas établit la distinction de l'essence et de l'être dans les créatures », p. 187. Une entreprise différente est celle du P. N. Del Prado, *De veritate fundamentali philosophiæ christianæ*, Fribourg, 1911. Il ne s'agit pas seulement dans ce deuxième ouvrage, de rapporter les arguments de Saint Thomas lui-même, mais encore d'inventer des preuves nouvelles en faveur de la distinction (ou composition) d'essence et d'existence dans le fini.

possible à l'être, il faut donc qu'une cause extérieure lui confère l'existence actuelle. Il n'y a jamais eu de théologien ou de métaphysicien chrétien pour mettre en doute la validité de cette conséquence. N'étant pas à soi-même la cause de sa propre existence, l'être fini doit la tenir d'une cause supérieure, qui est Dieu. En ce sens, ce que l'on nomme distinction d'essence et d'être signifie simplement que tout être fini est un être créé. Or tous les théologiens l'admettent, mais beaucoup refusent d'en conclure que l'être fini se compose de deux éléments métaphysiques, son essence et un acte d'être en vertu duquel il existe. Dire | qu'un être fini n'a pas dans son essence **100** la raison de son être, c'est une chose, et c'est tout ce que prouve l'argument dialectique d'Avicenne repris par Guillaume d'Auvergne et par Saint Thomas; dire que, dans ce même être fini, l'existence vient d'un *actus essendi* auquel tient précisément l'être actuel, c'est autre chose, et qui ne suit aucunement de l'argument en question.

Beau sujet de méditation! D'excellents philosophes et théologiens ont dévoué leur vie à l'étude et à l'enseignement de la doctrine thomiste sans jamais soupçonner le sens vrai de cette thèse fondamentale. Ils n'y ont vu qu'une formule un peu plus abstruse que les autres pour dire que tout être fini est contingent et créé. S'il ne s'agissait que de cela, tous les théologiens, sans exception, enseigneraient la distinction d'essence et d'existence. On sait assez que tel n'est pas le cas.

Passons au deuxième groupe d'arguments. Leur schème commun, nous dit-on, est le suivant : «L'être dans lequel essence et existence ne sont pas distincts, l'être dont l'essence même est d'exister, est nécessairement unique, parce qu'il ne pourrait être multiplié sans être différencié, et qu'il ne peut être différencié d'aucune manière. En conséquence, dans tous les êtres créés, l'être se distingue de l'essence »[1].

101   Ici encore, l'argument est concluant et, | cette fois, c'est bien la vérité de la distinction d'essence et d'existence qu'il aboutit à fonder. Voici sans aucun doute la voie royale et préférée des théologiens, car si Dieu est l'acte pur d'être, rien d'autre que lui ne peut l'être ; ce qui prétendrait à ce titre serait l'*ipsum purum esse* ; ce serait Dieu. Voilà pourquoi tant des théologiens thomistes accusent volontiers de panthéisme ceux qui, sourds à leurs arguments, refusent la distinction d'essence et d'existence dans le fini. Ils se font la partie belle car pour que leur démonstration fût concluante, il faudrait d'abord établir que, pour Dieu, être l'Être est être le pur acte d'*esse*, dont l'essence est l'être même. La valeur de l'argument dépend donc entièrement de celle d'une certaine notion de Dieu à laquelle, quelle qu'en soit la valeur réelle, beaucoup de théologiens, dont certains furent des saints, semblent n'avoir jamais pensé.

    Les preuves du troisième groupe, « prises de la nature de l'être créé, viennent corroborer ces conclusions »[2]. La subtilité en est grande dans le résumé que l'historien nous en donne. Étant, par définition, causé par un autre, « l'être créé ne subsiste point par soi, comme subsiste nécessairement l'être dont l'essence est d'exister ; d'autre part, être un effet ne peut convenir à l'être créé à raison de l'être lui-même, sinon tout **102** être serait | essentiellement effet, et il n'y aurait pas de cause

1. M.-D. Roland-Gosselin, O.P., *op. cit.*, p. 188.
2. *Op. cit.*, *ibid.*

première; être effet convient donc à l'être créé à raison d'un sujet distinct de son être » [1].

Rien ne fait mieux voir à quelle difficulté fondamentale se heurtent toutes ces démonstrations. Prouver que, puisque être créé n'est pas essentiel à l'être lui-même, cela ne peut lui convenir qu'à raison d'un sujet distinct de son être, c'est s'accorder la conclusion que l'on voulait démontrer. Car enfin, concédons les prémisses de l'argument, en quoi permettent-elles de conclure que le sujet de l'être créé est *réellement* distinct de son être? Or c'est précisément cela qui est en question, et rien d'autre. Tout théologien conviendra que, par définition, un être créé n'est pas identiquement son existence; il ne l'est pas, puisque, créé, il lui faut la recevoir pour être, mais, d'autre part, il suffit à l'essence créée, pour être, que Dieu la fasse exister, ce qui est proprement la créer. Que Dieu ne puisse | créer un être fini sans lui conférer un acte d'*esse* **103** réellement distinct de son essence, c'est ce qui peut être vrai, mais, à supposer même que ce soit démontrable, l'argument ne l'a pas démontré.

Ces raisons, et toutes celles du même genre, ont ceci de commun qu'elles supposent déjà conçue la notion d'être entendue au sens, non pas de l'étant (*ens, habens esse*, ce qui est), mais bien de l'*acte d'être* (*esse*) qui, composant avec

1. Le P. Roland-Gosselin renvoie sur ce point (p. 188, note 4) à *In I Sent.*, dist. 8, 9, 4, art. 2. *Cf.* CG. I, 22; I, 43; II, 52. Il renvoie en outre, dans son propre ouvrage, à ce qu'il a dit d'Avicenne, p. 162. Mais la problématique d'Avicenne est autre que celle de Saint Thomas. Elle vise à prouver que, si l'Être par soi est nécessaire, tout autre être n'est que possible et, par conséquent, doit tenir son existence d'une puissance créatrice. Avicenne n'en conclut pas que l'être fini soit une essence en puissance à l'égard d'un *esse* distinct d'elle et qui, parce qu'il en est l'acte, en fait un être.

l'essence, en fait précisément un étant, un *habens esse*. Or, dès qu'on a conçu cette notion proprement thomiste d'*esse*, il n'y a plus de problème, il ne reste plus rien à démontrer.

On peut s'en convaincre en se reportant aux textes mêmes de Saint Thomas que son interprète cite à titre de preuves. Deux choses s'y affirment clairement. D'abord, que la notion d'être pur ainsi entendue (*ipsum purum esse*) s'y donne partout comme accordée; ensuite, qu'elle n'y est accordée que parce qu'elle constitue, pour le théologien, le nom propre de Dieu. Penser l'*esse* pur, c'est penser Dieu.

La dialectique progressive du *Contra Gentiles* conduit Saint Thomas à établir «qu'en Dieu être et essence sont la même chose» (I, 22). C'est donc qu'il conçoit déjà la possibilité de leur distinction. Or s'il la conçoit, la question a déjà reçu réponse. En effet, s'employant ici à établir la simplicité de **104** Dieu, Saint Thomas doit nier de lui toute distinction | concevable. C'est ce qu'il fait en démontrant, comme Avicenne, que lorsqu'il y a un être nécessaire (*tertia via*), celui-ci existe par soi. Or il n'existerait pas par soi s'il avait une essence distincte de son être, car, en ce cas, son être appartiendrait à cette essence et dépendrait d'elle (ST. I, 22, 2). Plus brièvement, et même aussi brièvement que possible : «Chaque chose est par son être. Ce qui n'est pas son être n'est donc pas nécessairement par soi. Or Dieu est l'être nécessaire par soi. Donc Dieu est son être» (ST. I, 22, 5).

On n'ira jamais au-delà sur la même voie, car il resterait une seule opération ultérieure à effectuer, *si elle était possible* ; ce serait d'établir que la nécessité du *necesse esse* est bien celle de ce que Saint Thomas nomme l'*ipsum esse*, acte pur d'être, au-delà de l'essence même qui, dans ce cas unique, est comme dévorée par lui. Or il faut bien reconnaître qu'un grand nombre de théologiens hésitent devant cette notion, ou même en contestent la validité. Saint Thomas lui-même ne la justifie nulle part (autant que nous le comprenions) par voie démonstrative. Sans doute, il argumente : « Si l'essence divine est autre que son être (*esse*), il en résulte que l'essence et l'être sont dans le rapport de puissance à acte. Or on a montré qu'en Dieu rien n'est en puissance, mais qu'il est acte pur. L'essence de Dieu n'est donc autre que son être » (ST. I, 22, 7). Ceci est indéniable, mais la conclusion serait la même si, au lieu de | concevoir l'être comme l'acte de l'essence, on le concevait **105** simplement comme l'essence même en acte. Loin d'être inconcevable, une telle notion de Dieu semble être commune à tous les théologiens qui, avant ou après lui, ont suivi une autre métaphysique de l'être que la sienne.

Saint Augustin n'a jamais conçu Dieu autrement qu'en termes d'essence. Commentant l'*Ego sum* de l'Exode, Augustin en déclare ainsi le sens : « En effet, puisque Dieu est l'essence suprême, c'est-à-dire, puisqu'il est suprêmement, et, par conséquent, puisqu'il est immuable, il a donné d'être aux choses qu'il a créées de rien, mais il ne leur a pas donné d'être suprêmement, comme lui-même est ; il a donné aux unes d'être plus, aux autres moins, et il a ainsi ordonné les natures selon les degrés de leurs essences »[1].

C'est là une notion de Dieu sur laquelle on ne peut se méprendre. Les essences finies s'étagent selon des degrés d'être. Au sommet se trouve l'essence suprême, qui n'est pas plus ou moins, mais, purement et simplement, est l'essence suprême. Étant la plénitude de l'essence, elle n'a rien à gagner

---

1. *De civitate Dei*, XII, 2 ; P.L. 41, 350.

ni à perdre ; le signe de sa suprématie dans l'ordre de l'essence
est son immutabilité. Qu'on pèse les mots mêmes du Saint
dans son effort pour mieux comprendre (*perspicacius intelli-*
106 *gere*) ce que, dans l'Exode, 3, 14, Dieu dit à Moïse | par son
ange : *Cum enim Deus summa essentia sit, hoc est summe sit, et
ideo immutabilis sit...* Saint Thomas est bien loin d'en rien
nier ; au contraire, il trouve en ces paroles le point de départ de
la quatrième voie, *ex gradibus quæ in rebus inveniuntur.* C'est
fort bien ainsi et l'entendement peut en rester là. Lui-même,
pourtant, fait un pas de plus. Pénétrant plus avant dans cette
summa essentia, qui se nomme Est, Thomas ajoute : *et hæc Dei
essentia est ipsum suum esse.* Très exactement, Thomas
concède sans réserves que Dieu est l'essence suprême ; il
précise seulement que Dieu n'a pas d'essence qui ne soit son
être ; *Deus igitur non habet essentiam quæ non sit suum esse*
(CG. I, 22, 2). C'est à ce moment précis qu'on dépasse la théologie d'Augustin pour entrer dans celle de Thomas d'Aquin.
Le passage présuppose que l'on ait déjà conçu, ou que l'on
conçoive au même moment, la notion de l'être comme acte au-
delà de l'essence ou, si l'on préfère, celle d'une essence dont
toute l'essentialité soit d'être. Augustin n'y a pas pensé. Jean
Damascène, Anselme d'Aoste n'y ont pas pensé. Averti par
Thomas d'Aquin, Jean Duns Scot a préféré s'en tenir à la voie
ouverte par Saint Augustin, en ajoutant, suivant l'esprit de
Jean Damascène, l'importante précision qu'apporte la notion
d'infinité divine ; *ens infinitum*, tel est, pour Duns Scot, l'objet
propre de notre théologie. Aucune hésitation n'est permise, car
107 lui aussi, naturellement, a | commenté l'*Ego sum* de l'Exode, et
ce n'est pas à l'*esse* thomiste, mais à l'*essentia* augustinienne
qu'il se réfère pour l'interpréter. Non seulement Dieu est
essence, mais il n'y a peut-être que lui qui le soit. Dieu est une

entitas realis, sive ex natura rei, et hoc in existentia actuali, ou, pour suivre le langage d'Augustin lui-même, parce qu'être lui convient très véritablement et en propre, disons de Dieu qu'il est très véritablement essence : *verissime dicitur essentia*[1]. On en revient donc au même problème : où, quand et comment, pour interpréter la parole de l'Exode, Saint Thomas a-t-il démontré que, sur le plan même de l'être, il fallait dépasser la notion de l'étant (*ens*) conçue jusqu'alors comme une notion simple, la décomposer en deux autres : celle d'*essentia* et celle d'être (*esse*), affirmer enfin que, de ces deux notions, l'une, celle d'être (*esse*) désigne, au sein *de l'étant lui-même*, la perfection suprême et l'acte de l'autre ? Que Saint Thomas ait franchi ce pas, c'est l'évidence même. On demande simplement comment il l'a justifié, et c'est là qu'on est sans réponse. S'il en a administré la preuve, Duns Scot ni Suarez ne l'ont comprise, ou bien elle ne les a pas convaincus, et ce n'étaient pas de médiocres métaphysiciens.

La seule argumentation qui ressemble à | une preuve est **108** celle qui part de la contingence des créatures. Si, dans le fini, l'essence est autre que l'être, l'être et l'essence doivent nécessairement coïncider en Dieu, pour qu'il soit simple. Mais, nous l'avons vu, la non-nécessité du fini n'exige pas sa composition actuelle d'essence et d'être. On l'exprimerait non moins exactement en disant, avec la plupart des théologiens, que l'existence actuelle de la substance finie, dont, de soi, l'essence est un pur possible, est contingente. Le fini ne tient pas de soi-même son existence ; pour être il lui faut la recevoir de l'être

---

1. Voir les textes dans *Jean Duns Scot. Introduction à ses positions fondamentales*, Paris, Vrin, 1952, p. 227.

nécessaire, qui est Dieu. Ceci ne prouve aucunement que, pour lui conférer l'existence actuelle, Dieu doive concréer, au sein du fini, une essence dotée d'un acte d'être qui, distinct d'elle, forme avec elle un étant (*ens*) : ce-qui-a-l'être.

Si l'on a peine à en trouver la preuve, ce n'est pas que Saint Thomas se fasse faute d'en parler, seulement, lorsqu'il en parle, c'est ordinairement pour dire que, faute de limiter l'acte d'être par une essence, cet acte sera l'acte pur d'être, il sera infini, il sera Dieu (CG. I, 43, 5). Tout dépend donc ici de la notion thomiste de Dieu : « On a fait voir (I, 22) que Dieu est son être subsistant. *Donc rien d'autre que lui ne peut être son être.* Il faut donc que dans toute substance autre que lui, la substance même soit autre que son être » (CG. II, 145, 2). Ce qui revient à dire que, si l'essence de Dieu est son être, tout le reste est **109** nécessairement composé d'être et d'une | essence autre que cet être. Et rien n'est plus évident, si l'on a vraiment démontré que Dieu est l'acte pur d'être. Or, on l'a vu, des théologiens de haut vol, ou bien n'ont pas lu cette vérité dans le texte de l'Écriture, ou même, avertis qu'elle y était, n'ont pu se résoudre à l'y reconnaître. Ils ne l'ont pas retrouvée dans l'Écriture pour la simple raison qu'ils ne l'avaient pas dans l'esprit.

Nous voici apparemment pris dans une sorte de dialectique dont les deux termes renvoient perpétuellement l'un à l'autre : Dieu est l'être pur, parce que, si l'essence était en lui distincte de l'être, il serait un être fini, et non pas Dieu; inversement, l'essence de l'être fini est autre que son être, parce que, si son *essentia* était identique à son *esse*, cet être serait infini, il serait Dieu. Les signes extérieurs de cette difficulté ne manquent pas, dont il suffira de mentionner l'un : la résistance très générale à laquelle s'est heurtée la notion thomiste d'être, non seulement, comme il était naturel, dans d'autres écoles

théologiques, mais dans celle même qui se réclame du nom de
Saint Thomas d'Aquin. Et cela est pour le moins étrange, mais
c'est un fait.

De toutes les attitudes à prendre devant cette difficulté, la
pire est d'en nier l'existence ou de la chasser de l'esprit comme
une pensée importune. L'Église recommande le thomisme
comme la norme de son enseignement théologique; comment
aurait-elle fait ce choix si la doctrine reposait en fin de compte
| sur un cercle vicieux? Et qu'on n'aille pas objecter qu'il   110
s'agit ici de théologie, non de philosophie, car cela est vrai,
mais ne lève pas la difficulté. La théologie de Saint Thomas est
une théologie scolastique; elle a pour objet Dieu connu par sa
parole, mais elle en poursuit l'intellection, ce qu'elle ne peut
faire sans mettre en œuvre les ressources de la philosophie. Un
maître doit avoir l'art de former à son service les serviteurs
qu'il emploie, encore faut-il que ces serviteurs existent, et
soient eux-mêmes, pour lui rendre les services qu'il attend
d'eux. Si le théologien mettait en œuvre une philosophie
qui, comme Averroès le reprochait déjà très injustement à
Avicenne, ne serait qu'une théologie déguisée, il se tromperait
lui-même avant de tromper les autres.

En fait, il n'est pas d'objection plus fréquemment dirigée
contre la scolastique. Avoir tout corrompu, la parole de Dieu
par la philosophie et la philosophie par la foi en une révélation
que ne garantit pas la raison, c'est ce que n'ont cessé et ne
cessent encore de lui reprocher le luthéranisme authentique
d'un côté et le rationalisme philosophique de l'autre. Les
efforts obstinés de certains philosophes chrétiens pour se laver
du soupçon de professer une « philosophie chrétienne », n'ont
pas d'autre origine que la crainte de se voir imputer une pensée
bâtarde, ni foi ni raison, également méprisable à ceux qui

111 gardent le souci de maintenir intacte la transcendance | sur-
naturelle de la foi, comme à ceux que le respect inconditionné
de la raison oppose à toute compromission avec un irrationnel
ou, ce qui revient pour eux au même, un hyperrationnel
quelconque.

Il convient de reconnaître ce lieu des pires controverses qui
aient stérilisé la pensée spéculative chrétienne, mais il ne faut
pas s'y laisser retenir. D'abord parce que la controverse
abaisse, étant elle-même, quoique parfois nécessaire, une
forme inférieure de la pensée, mais surtout parce qu'il n'est au
pouvoir de personne, parlant pour la vérité, de disposer les
esprits à la recevoir, faute de quoi pourtant on ne parle
vraiment qu'à des sourds. Mais il est bon de se parler à soi-
même, d'ouvrir son esprit au vrai et d'opposer au reproche de
céder aux préjugés la ferme résolution de n'en recevoir aucun,
ni de ceux que l'on nous reproche, ni de ceux dont s'inspirent à
leur insu ceux qui nous les reprochent. Après tout, il n'est pas
certain *a priori* que toutes les fautes contre la raison soient du
côté de ceux qui se donnent pour ses vrais témoins et prétendent en monopoliser l'usage. C'est pour avoir déféré aux
exigences mal fondées de certains de leurs adversaires que
trop de scolastiques ont désappris la vraie nature de la connaissance philosophique. C'étaient eux, pourtant, et non pas leurs
adversaires, qui représentaient en sa totale indépendance le
plein usage de la raison.

112   On ne saurait assez admirer l'attitude de | ces philosophes
scolastiques, fort conscients d'avoir à leur disposition deux
sagesses et qui trouvent si facile d'en départager les domaines.
« La sagesse, ou science parfaite », dit l'un d'eux, « est double,
l'une qui procède à la lumière surnaturelle de la foi et de la
révélation divine, l'autre qui procède à la lumière de la raison

naturelle. Celle-ci est la Philosophie, celle-là est la Théologie chrétienne, science surnaturelle en sa racine et en raison de ses principes. On définira donc la philosophie : la connaissance par les causes ultimes procédant à la lumière naturelle de la raison » [1].

Ces paroles sont entièrement vraies et conformes à l'enseignement de Saint Thomas ; aucune difficulté ne surgit tant qu'on se tient sur le plan de la distinction formelle ; les obscurités s'accumulent au contraire si l'on prétend empêcher ces deux sagesses de cohabiter et de collaborer chez un même homme, dans un même esprit. De ce qu'enseigne la théologie, science surnaturelle en ses principes, la philosophie n'aura-t-elle rien à dire ? Et de ce qu'enseigne la philosophie, qui procède à la lumière de la raison naturelle, la théologie ne pensera-t-elle rien ? Saint Thomas, du moins, affirme exactement le contraire, car il ne maintient si fermement la | distinction formelle des deux lumières et des deux sagesses que pour mieux leur permettre de collaborer, sans confusion possible mais sans faux scrupule, et intimement. Saint Thomas a voulu faire pénétrer la lumière naturelle de la raison jusque dans les parties les plus secrètes de la vérité révélée, non pour en évacuer la foi et le mystère, mais pour définir leurs objets. Il n'est pas jusqu'au mystère de la transsubstantiation qui ne puisse se formuler dans le langage des philosophes. Mais la relation s'établit aussi bien en sens inverse, car la théologie de Saint Thomas a droit de regard dans sa philosophie et elle ne se fait pas faute de l'exercer, pour le plus grand bien de la

113

---

1. J. Gredt, O.S.B., *Elementa philosophiæ aristotelico-thomisticæ*, 2 vols. Friburgi Brisgoviæ, Herder, 1932, vol. I, art. 1.

philosophie. Ceux qui prétendent le contraire se trompent, et s'ils le font pour des motifs apologétiques, ils calculent mal, car il n'y a pas d'autre apologétique efficace que la vérité.

Le plus remarquable en ceci est qu'on veuille séparer révélation et raison pour satisfaire aux exigences d'une notion de la philosophie qui n'a jamais existé. Nul philosophe n'a jamais philosophé sur la forme vide d'une raison sans contenu. Ne penser à rien et ne pas penser, c'est tout un. Que l'on ôte par la pensée tout ce qu'il y a de proprement religieux dans les grandes philosophies grecques de Platon à Plotin, puis ce qu'il y a de proprement chrétien dans la spéculation philosophique de Descartes, de Malebranche, de Leibniz, même de Kant et de 114 certains de ses | successeurs, l'existence de ces doctrines devient incompréhensible. Il faut une religion même pour la faire tenir « dans les limites de la raison ». L'importance de Comte à cet égard est, ayant décrété que la théologie était morte et son Dieu transcendant tombé en désuétude, d'avoir compris que, pour constituer une philosophie dont les dogmes seraient tirés de la science, il lui fallait en chercher les principes hors de la science. C'est pour les trouver qu'il créa une nouvelle religion et substitua au Dieu du christianisme un Grand Fétiche, assorti de son église, de son clergé et de son pape. Les « positivistes » de la première heure s'en indignèrent comme d'une déviation de la doctrine, mais Comte savait mieux qu'eux ce qu'est le positivisme. Ils n'y entendaient rien, comme on le voit bien à la misérable histoire de leur « positivisme absolu », réduit aujourd'hui à une dialectique verbale dont la science est l'objet, mais pour qui la science même devient incompréhensible. Car toutes les sagesses vivent de la plus haute d'entre elles, et si l'on élimine la religion, la métaphysique périt avec elle, et avec la métaphysique la philosophie périt à son tour. La néo-scolastique n'est pas indemne de ce mal; celle qui s'est voulue a-chrétienne a vite dégénéré en un formalisme abstrait, dont l'ennui gris n'est tolérable qu'à ceux qui le causent, car il n'est pas toujours ennuyeux d'ennuyer. On se demande parfois avec inquiétude pourquoi cette philosophie végète? | C'est qu'elle **115** s'est volontairement liée à une métaphysique sans objet.

Dire que la métaphysique a pour objet la *notion* d'être en tant qu'être exploitée à la lumière du premier principe, c'est se tromper doublement. D'abord la métaphysique ne porte pas plus sur la notion d'être en tant qu'être que la physique ne porte sur la notion d'être en devenir. Ce serait là transformer ces sciences en logiques : la physique porte sur l'être en devenir lui-même, comme la métaphysique porte sur l'être en tant qu'être; nous disons bien, sur l'être lui-même, et non pas simplement sur sa notion. De la notion d'être en tant qu'être, il n'y a rien à tirer; de l'être en tant qu'être, il y a tout à dire, mais il faut pour cela l'atteindre d'abord et, sinon le comprendre, au moins le toucher, puis n'en jamais perdre le contact sous peine de s'égarer dans un verbalisme sans objet.

La facilité dont bénéficie le dialecticien est le plus grand de ses dangers. Partir des définitions nominales de l'être, de la substance et de la cause pour en déduire les conséquences à l'aide du premier principe, on peut toujours le faire, sinon facilement, du moins avec succès. Certains même le font avec une maîtrise de virtuoses qui force l'admiration, mais on n'obtient par là que l'épure abstraite d'une métaphysique possible. Au mieux, on se donne à soi-même le plaisir de se la représenter après coup, une fois faite, dans une | sorte de tableau d'ensemble **116** qui permet de l'embrasser d'un seul regard. À ce moment pourtant, elle est morte et ce n'est pas ainsi qu'on aurait pu la faire d'abord. D'où le conflit funeste du mode d'exposition et du mode d'invention, car ceux qui «exposent» sont bien rarement ceux qui inventent, ou, quand ce sont les mêmes, ils nous cachent en exposant leur art d'inventer, si bien que nous ne savons nous-mêmes comment ré-inventer en mettant nos pas dans leurs pas, ce qui est pourtant la seule manière d'apprendre. Aussi voit-on, dans les enseignements affligés de ce fléau, les élèves apprendre sans comprendre et, pour certains d'entre eux, perdre confiance en leurs propres aptitudes philosophiques, alors que la meilleure preuve en est qu'eux, du moins, comprennent qu'ils ne comprennent pas.

Ces habitudes s'expliquent particulièrement mal chez des maîtres qui se réclament de la philosophie d'Aristote et en opposent le sain empirisme à l'idéalisme de leurs propres contemporains. Faisant profession de partir en tout de l'expérience, il est paradoxal de s'en détourner en métaphysique, dont les principes règlent le corps entier du savoir. Pourtant, l'œuvre d'Aristote est là et, si l'on ne s'intéresse pas à la manière dont elle s'est faite, les déclarations réitérées de son auteur doivent suffisamment avertir du péril. Parlant des règles absolument premières du jugement, les principes de non contradiction et du tiers | exclu, Aristote fait observer que chaque savant en use comme valables dans les limites de sa propre science (*II Anal.*, I, 11, 77 a 22-25). En matière de connaissances réelles, on ne raisonne pas *à partir* des principes, mais *en accord* avec eux et dans leur lumière, sur la réalité.

Rien ne sert de louer la méthode d'Aristote, si on se dispense de la suivre et, surtout, si on en méconnaît le sens. L'importance du dernier chapitre des *Seconds Analytiques* est extrême à cet égard. Aristote y parle de la connaissance des principes. Qu'ils soient innés, la supposition est absurde puisque, s'ils l'étaient, nous serions possesseurs, *sans le savoir*, de connaissances plus certaines que toute démonstration. D'autre part, comment pourrions-nous former en nous ces principes sans avoir une faculté, ou une puissance, qui permette de les acquérir?

Quelle est cette puissance? Pour satisfaire aux conditions du problème, il faut, dit Aristote, «que cette puissance soit supérieure en exactitude à la connaissance même des principes» (II, 19, 99 b 31-34; Tricot, p. 243). On a glosé cette parole pour lui faire dire moins qu'elle ne dit, mais en vain, car de quelque manière que l'on conçoive l'intellect agent dans la doctrine d'Aristote, même si on le réduit à la condition d'une lumière indéterminée et comme indifférente aux appréhensions intelligibles qu'elle cause, la parole des *Seconds Analytiques* signifie que cette lumière | est d'un ordre plus élevé 118 et d'une certitude plus haute encore que celle des principes qu'elle fait connaître. Ce qu'en pense Saint Thomas lui-même n'est pas chose facile à dire en langage clair, mais, précisément, le temps est venu pour nous de nous accoutumer à une certaine manière de ne pas comprendre qui n'est que modestie devant le pur intelligible. Celui qui comprend tout est en grand danger de mal comprendre ce qu'il comprend et de ne pas même soupçonner l'existence de ce qu'il ne comprend pas.

La nuée dont s'entoure l'origine des principes est exactement la même qui nous cache en partie leur nature. On s'accorde à dire que, dans l'épistémologie thomiste, l'intellect agent conçoit immédiatement les principes par mode d'abstraction à partir de l'expérience sensible, et c'est exact. On ajoute donc que l'intellect suffit à cette opération, qu'il l'accomplit par sa lumière naturelle propre, sans qu'il soit besoin, pour l'expliquer, de recourir à l'illumination complémentaire de quelque intelligence séparée, ni même, comme le voudraient certains augustiniens, à celle de Dieu, Soleil des esprits, Maître intérieur, Verbe, enfin, qui éclaire tout homme venant en ce monde. Et cela encore est exact, mais ce n'est pas toute la vérité. Saint Thomas a d'autant moins de scrupule à ne pas diminuer la nature que, totalement, occupée par la présence de Dieu, comme l'air l'est par la lumière, la nature ne peut être **119** amoindrie | sans qu'on fasse injure au Créateur. On ne peut rien refuser de son essence à un être que Dieu fait être ce qu'il est.

C'est dans cet esprit, qu'au moment même où, dans la *Somme de théologie* (I, 84, 5), Saint Thomas limite le platonisme noétique de Saint Augustin, *qui doctrinis Platonicorum imbutus fuerat*, il n'en maintient pas moins l'essentiel de la thèse augustinienne et la vérité de ses paroles mêmes. L'âme intellective connaît les choses matérielles dans les raisons éternelles, mais il n'est pas besoin pour cela d'un appoint de lumière divine s'ajoutant à celle de l'intellect; celle-ci suffit, « car la lumière intellectuelle qui est en nous, n'est rien d'autre qu'une certaine ressemblance participée de la lumière Incréée, en quoi sont contenues toutes les raisons éternelles (sc. Idées); d'où il est dit (Ps. 4, 7): *Beaucoup demandent: "Qui nous fera voir le bonheur?"*. À cette question, le Psalmiste répond en disant: *"La lumière de ta face est empreinte sur nous Seigneur"*. C'est comme s'il disait: c'est par le sceau même de la lumière divine en nous que tout nous est démontré ». Ainsi, tandis qu'il maintient la nécessité de l'expérience sensible à l'origine de toute connaissance humaine sans exception, Saint Thomas relie intimement l'intellect humain à la lumière divine elle-même. C'est parce que cette lumière (qui est l'*esse* divin)

inclut, ou plutôt *est*, l'infinité des Idées divines (qui sont l'*esse*
divin) que l'intellect agent de chaque homme, | participation **120**
de la lumière divine, a le pouvoir de former les concepts intelligibles au contact du sensible. Cet intellect n'est pas la lumière
divine : s'il l'était, il serait Dieu ; mais il est un effet créé de
cette lumière et, sur le mode fini, il en exprime et imite l'excellence. De là son pouvoir de découvrir, dans des êtres qui sont,
eux aussi, à l'image des Idées divines, les formes intelligibles
dont ils participent. L'intellect agent a en soi de quoi reconnaître hors de soi la ressemblance de la première Cause, d'où
viennent toute connaissance et toute intelligibilité.

Il faudra revenir sur cette pensée après avoir fait effort
pour comprendre la notion, si particulière chez Saint Thomas,
de participation. Pour le moment, considérons seulement cette
doctrine de l'intellection telle qu'elle est. Ou plutôt essayons
de le faire, car comment y réussir ? En un sens, elle suit d'abord
Aristote, mais le Véritable Aristote qui, dès le niveau de la
sensation, voit se développer selon une induction ascendante,
les notions de l'expérience, elle-même principe de l'art dans
l'ordre du devenir et de la science dans l'ordre de l'être. Mais
au-dessus de la science et ses démonstrations, il y a l'intuition
des principes. Parce que les démonstrations dépendent des
principes, eux-mêmes ne sont pas objets de démonstration. Ils
ne démontrent pas la science, mais la science se démontre à
leur lumière, et comme leur lumière est la pensée même, c'est
bien l'intellect qui finalement | cause la science (*II Anal.*, II, **121**
19, concl.). Comment après cela s'étonner que les principes ne
livrent pas toujours et à tous la totalité de leur sens ? Leur évidence et leur nécessité mêmes contraignent l'intellect qu'ils
règlent en l'éclairant, mais qui les subit, faute de pouvoir faire
de leur certitude celle d'une science, dont lui-même serait la

cause. Il ne faut s'approcher de ces intelligibles suprêmes qu'avec respect et modestie. Les quelques formules simples dont on use pour les expédier en peu de mots ne sont des tautologies que pour qui ne tente pas d'en scruter la profondeur.

En un deuxième sens, mais ici donné dans le premier, le nourrissant du dedans et lui conférant une richesse infinie, Saint Thomas suit la voie d'Augustin, celle-même de la philosophie chrétienne. La merveille est que, chez Saint Thomas, ces deux voies n'en sont plus qu'une, qui est la sienne et dans laquelle, même lorsqu'il lui arrive de les nommer, on ne saurait plus les distinguer, chacune d'elles étant devenue l'autre, identiquement. L'univers connu de l'homme se compose désormais de choses créées à la ressemblance d'un Dieu dont l'essence, c'est-à-dire l'acte d'être, est à la fois l'origine et le modèle. L'intellect qui connaît ces choses est lui-même l'effet et l'image de ce même Dieu. Dans cette doctrine où tout est naturel dans la nature, mais où la nature est essentiellement un effet divin et une image divine, on peut dire que la nature

122 | même est sacrée. Rien de surprenant que le premier intelligible lu dans un tel réel par un tel intellect soit la notion première d'être, et qu'avec une telle origine cette notion dépasse en tous sens l'entendement qui la conçoit.

Là est la vérité entrevue par ceux qui enseignent à tort l'unité de l'intellect agent car ils se trompent en cela, mais il reste vrai de dire qu'Aristote nomme notre intellect agent une lumière que notre âme reçoit de Dieu. En ce sens, il est encore plus vrai de dire avec Augustin que Dieu illumine l'âme, dont il est le « soleil intelligible ». De l'altitude théologique que nous avons atteinte, ces querelles philosophiques de détail perdent de leur acuité. Augustin veut que connaître soit contempler dans l'âme un reflet des idées ; Aristote veut que

connaître soit un acte de l'intellect agent éclairant l'intelligibilité du sensible. La structure des doctrines diffère mais, en
dernière analyse, elles s'accordent : « Il importe peu que l'on
dise, que ce sont les intelligibles eux-mêmes qui sont parti-
cipés de Dieu [par l'intellect] ou que c'est la lumière produisant les intelligibles » (DSC., 11, 8m). De toute manière, à
l'origine de la connaissance, il y a Dieu.

De Saint Thomas lui-même à ses interprètes les plus
récents, cette vérité a été souvent perdue de vue. Devenue
folle, elle s'est parfois corrompue en ontologisme ; réduite, par
réaction, aux limites d'un empirisme quasi | physique, elle   **123**
s'est coupée de sa source, qui est l'être de Dieu lui-même.
Préservée dans sa plénitude, elle se présente comme un
naturalisme semblable à celui des Grecs, mais où, parce
qu'elle dépend de Dieu dans son être même, la nature est
gonflée d'une sève divine et, pour ainsi dire, signifie toujours
infiniment plus que ce qu'elle est.

Ceci, qui est vrai de la connaissance comme de l'Être, doit
suffire à écarter le fantôme d'une métaphysique uniquement
fondée sur des formules simplement régulatrices. La Sagesse
part de notions, abstraites certes, mais douées d'un contenu
extrait du réel par un entendement dont la lumière retrouve,
dans les formes, celle-même dont il est en nous l'empreinte. La
notion première d'être, avant toute autre, est pour la métaphysique un donné, à la fois appréhendé comme tel et éclairé
de la lumière de Qui Est, cause de tout intellect comme de tout
intelligible. Ce donné, et l'expérience intellectuelle que nous
en prenons, est le véritable principe de la métaphysique. Toute
la Sagesse philosophique est virtuellement contenue dans le
sens du mot « est ». On ne doit donc pas en faire, comme on se
laisse aller à le dire, un « point de départ ». Il faut y demeurer

longtemps et ne s'en éloigner que pour y revenir au plus vite. L'être est la plus universelle et la plus évidente des notions, mais c'est aussi la plus mystérieuse, comme il convient au nom même de Dieu.

124 | Les divergences entre métaphysiques n'ont pas d'autre cause. Comme l'a fort bien dit Suarez, *an ens sit* est évident, mais *quid sit ens* ne l'est pas (MD., I, 2 prœm.). Ce qu'*ens* signifie n'est pas un mot, mais une chose; seulement cette chose est si simple qu'elle ne peut pas être définie, on ne peut que la décrire. Toute métaphysique présuppose donc une notion de l'être donnée à la méditation du métaphysicien comme une vérité de cette simple vue qu'Aristote justifie par la transcendante excellence de l'intellect sur les principes mêmes qu'il pose. Il n'y a pas de science de la cause de la science; aussi les controverses entre grandes métaphysiques sont-elles vaines, tant qu'elles s'opposent mutuellement sur le plan des conséquences sans s'affronter d'abord sur celui des principes. Mais de confronter leurs interprétations des principes, c'est ce qu'elles n'aiment pas faire, car leur premier principe est le même, seulement elles l'entendent différemment. Aucune démonstration ne le leur fera entendre de la même manière, comme on le voit, en fait, à ce que toutes les grandes philosophies chrétiennes continuent de subsister côte à côte. Dans toutes, Dieu est l'être. Comme dit Augustin : « Il est Est », mais Est signifie pour l'un l'Immuable; pour l'autre, ce dont la nature est d'exister (*natura existendi, natura essendi*); pour d'autres encore l'être est l'essence réelle, principe intime et racine de toutes les actions et opérations qui

125 conviennent au sujet. On ne | doit pas objecter que ces notions sont celles de l'Être réel, non de l'être rationnel dont s'occupe la métaphysique. Si elle ne portait que sur une notion abstraite, la métaphysique ne serait qu'une logique. Science réelle, la philosophie première porte sur l'être qui est, et c'est pourquoi, comme le dit encore pertinemment Suarez (MD. II, 2, 29), s'il n'y avait ni Dieu ni Anges, il n'y aurait pas de métaphysique. Tout se passe comme si les métaphysiciens se dispersaient à l'intérieur d'un même espace intelligible, trop vaste pour qu'ils aient chance de s'y rencontrer.

Il n'y a pas en cela trace de scepticisme ; on demande seulement à ne pas être mis en demeure de jouer le rôle de l'*indisciplinatus* en démontrant ce dont la nature interdit que ce soit démontré. En outre, il est démontrable que le premier principe est l'être : ceux-là même qui le contestent, comme Descartes fit en un certain sens, sont obligés d'en faire usage. Qu'affirmait-il en disant « Je suis » ? Enfin, il est possible et même nécessaire, pour un métaphysicien, de comparer longuement avec le contenu de l'expérience le sens qu'il attribue au premier principe. S'il peut découvrir un sens du mot qui rende justice à toutes les propriétés des êtres, en tant qu'ils sont des êtres, et qui les ordonne dans la pensée selon l'ordre qu'elles observent dans la réalité, le philosophe donnera son assentiment à cette notion sans restriction, hésitation ni doute. Elle sera pour lui le premier | principe, et elle le sera de la 126 manière la plus certaine parce que, telle que lui-même la conçoit, cette notion dispense de toutes les autres, en ce qu'elle les inclut par mode d'éminence, alors que toutes les autres, prises ensemble, n'égalent pas son intelligibilité.

La métaphysique est donc science, à partir du point où, s'étant saisie du principe, elle commence d'en déduire les conséquences, mais le sort de la doctrine se joue sur l'intellection du principe. On surprendra bien rarement un vrai métaphysicien dans l'acte de se contredire lui-même : c'est dès le début, qu'il faut prendre position sur les doctrines et c'est sur la première démarche de l'entendement formant les principes qu'il faut longuement réfléchir soi-même avant de s'engager. L'aptitude du principe à éclairer le réel sous tous ses aspects en confirmera sans doute la vérité à mesure que se construira la doctrine, mais c'est l'évidence propre du principe, vu par l'entendement dans l'acte même de le concevoir, qui en fait essentiellement la certitude. Quand on a saisi le sens du principe, le déroulement de la doctrine se fait à sa lumière ; il n'en fait pas la vérité, il ne fait que la manifester.

Il ne faut donc pas enseigner la métaphysique en s'attachant surtout à la suite des conséquences. La dialectique y triomphe si aisément qu'elle peut déduire correctement toutes les conclusions d'un principe sans en voir la vérité ni en **127** comprendre le sens. De là, dans | les controverses, l'impression qu'éprouvent les adversaires d'être perpétuellement incompris ; et ils le sont en effet, chacun d'eux jugeant chez l'autre la chaîne des conséquences à la lumière de sa propre intellection du sens des principes.

Le bon maître de philosophie ne procède pas ainsi. Ayant lui-même longuement médité, il dit ce qu'il voit et s'efforce d'amener les autres à le voir. Pour cela, avant d'entreprendre de démontrer le démontrable, il explique la vérité indémontrable pour en dévoiler l'évidence.

C'est tout un art. Vieux comme la métaphysique elle-même, cet art est si connu depuis Platon qu'il n'y a pas lieu d'y insister. Il faut, à partir des images, transcender les images pour atteindre, comme par éclairs, l'intelligible. Le peu que l'on en voit, on attendra de l'entendement qu'il en suscite la vue chez les autres en procédant à l'analyse ostensive du contenu de la notion. Cela même ne se fera qu'en redescendant un peu au-dessous d'elle chaque fois que le jugement en explicitera la simple intelligibilité. On peut s'en éloigner, pourvu qu'on ne cesse pas un instant de la tenir, comme un beau visage dont il faut s'écarter un peu pour le voir. Que l'explication s'en fasse alors au sein de cette vue intelligible même. Elle n'a pas besoin d'aller très loin, car elle se suffit à elle-même et, pour les autres, elle ne peut que passer devant pour les inviter à se mettre en marche. | D'ailleurs, liée à l'appréhension simple **128** d'où jaillit le premier jugement, elle manquera bientôt de paroles, comme on ne le voit que trop bien à ce qui vient d'en être dit.

LA CLEF DE VOÛTE

> *… ea quæ in diversis scientiis philosophicis tractantur, potest sacra doctrina, una existens, considerare sub una ratione, inquantum scilicet sunt divinitus revelabilia; …*
>
> ST. I, 1, 3

Les pensées meurent lorsque personne ne les pense plus ; elles ne subsistent plus alors qu'en Dieu. Nous pouvons laisser ainsi mourir même des manières de penser, avec leurs objets formels, leurs principes et leurs méthodes. Il est vrai que certaines ont fait leur temps, mais beaucoup moins nombreuses qu'on ne croit, car il n'est guère de grand monument de la pensée humaine qui, si abandonné soit-il depuis des siècles, mais revisité, ne surprenne par ce qu'il offre encore à admirer, à apprendre.

Le paradoxe de la situation présente du thomisme dans l'Église est que, loin d'être | oublié ou négligé par elle, il nous **130** est recommandé, et même prescrit, comme sa norme doctrinale, mais que pourtant beaucoup de chrétiens lui préfèrent d'autres théologies. Réfléchir sur ce fait ne relève ni de la théologie ni de la philosophie ; le magistère de l'Église seul a compétence pour en parler. Ce ne sont pas là des pensées bonnes à remuer ; même le thomiste aimerait mieux que l'objet de son libre assentiment ne fût pas comme imposé de si haut à d'autres qui, en jugeant d'après eux-mêmes, ne peuvent pas imaginer qu'on trouve sa joie dans l'adhésion de l'esprit et du cœur à ce qu'ils ignorent, comprennent mal ou méconnaissent entièrement.

On peut leur trouver des excuses, dont la principale est la rareté et la difficulté de la connaissance théologique. Il y en a beaucoup dans les livres, mais tant qu'elle n'a pas repris vie dans l'esprit d'un homme actuellement existant, il ne sait ce que c'est. L'entreprise même de lui donner être, mouvement et vie dépasse les moyens de la plupart des hommes, dont l'ambition la plus haute à cet égard doit pratiquement se borner à beaucoup moins que cela. Il y a quelques philosophes, qui s'égrènent au cours des siècles. Il y a pareillement quelques théologiens, dont nous avons les écrits, mais la foule des lecteurs que nous sommes ne peut guère faire plus que participer à ce que sont une vraie pensée philosophique, une pensée théologique *veri nominis*. Chacun de nous en prend selon son
131   grade. | La plupart du temps, nous ne pensons que par mode de participation.

Le théologien lui-même connaît cette difficulté, en tant que, dans son effort pour formuler clairement ce qu'il pense – ce qui est proprement penser – il se parle à lui-même et parle aux autres. Au lieu de se reposer dans la lente oscillation intérieure d'un esprit qui voit les conclusions dans les principes, et inversement, il lui faut alors descendre de la stabilité de l'intellect pour céder au mouvement de la raison. C'est une autre affaire. La masse obscure de la connaissance s'écoule en minces filets, un à la fois, pour ne pas dire goutte à goutte. La plume n'écrit pas des livres, mais des phrases, des mots, des lettres et, finalement, des jambages dont les pleins et déliés ne permettent à la pensée de s'exprimer que par des éléments disjoints dans l'espace et se succédant dans le temps. Le dernier article de la *Somme de théologie* qu'ait écrit Saint Thomas est organiquement, vitalement, lié au premier, mais la continuité qui les liait dans l'esprit de leur auteur n'existe qu'à l'état d'imitation dans le nôtre, quand celui-ci reproduit docilement un ordre qui lui est proposé du dehors.

Pour ces raisons, et il y en a bien d'autres dont l'analyse irait à l'infini, la théologie de Saint Thomas ne pénètre pas facilement dans notre esprit telle qu'elle est en elle-même. L'obstacle le plus difficile à surmonter, pour l'accueillir en soi tout entière, est la tendance | si commune aujourd'hui à la 132 diviser en deux parts : une philosophie, dont la métaphysique serait, chez Saint Thomas, la contrepartie de la théologie naturelle d'Aristote, et une « doctrine sacrée », ou théologie surnaturelle, fondée sur la révélation. Or il est très vrai que Saint Thomas a strictement distingué les deux ordres, qui sont ceux de la nature et de la surnature, de la raison et de la révélation, de la métaphysique et de la théologie proprement dite. Toute atteinte à cette distinction est une trahison de sa pensée et de son œuvre. Mais il est également vrai que sa contribution propre à la théologie scolastique fut précisément de lui conférer une unité de structure fondée sur l'usage très particulier qu'il fit de la philosophie, d'une part, en exposant celle-ci à la lumière de la révélation qui permettait à la raison d'y lire des vérités nouvelles et, d'autre part, en obtenant de la philosophie ainsi perfectionnée, qu'elle fournit à la théologie révélée un langage, une méthode, des techniques et des notions dont l'usage fût assez valide, au moins d'une validité d'analogie, pour lui permettre de prendre la forme d'une science.

Voir la vérité de toutes choses d'une vue à la fois universellement compréhensive et pourtant simple, un peu de la manière dont Dieu connaît tout dans l'unité de sa science, qui est son être, c'est cela même. Quand on pense à la science de Dieu, on ne s'étonne pas que la théologie, qui n'en est que l'image | finie, floue et approximative, ait paru, aux yeux de Saint Thomas, n'être qu'une sorte de paille. Mais il n'y a pas de paille sans grain. Misérable au prix de la science de Dieu, cette théologie est divine par rapport à la nôtre. De là l'exultation, contenue mais véhémente, avec laquelle Saint Thomas en parle. C'est à cela aussi qu'il convient sans doute de rapporter son goût pour les « inductions » récapitulatives, auxquelles le saint recourt volontiers quand l'occasion s'en offre. Ces sortes de vues panoramiques où l'ensemble du réel, ou du moins un pan de l'univers se découvre entièrement au regard dans l'unité organique qu'il tient de sa structure et de son ordre, sont peut-être l'analogue humain le moins imparfait de ce savoir intégral et intégralement unifié qu'est l'essence divine, c'est-à-dire l'être divin lui-même.

Ces haltes sur la route sont la récompense de l'effort analytique poursuivi par le théologien, que les nécessités de la méthode obligent à diviser et subdiviser questions et réponses, prévoyant les objections et s'attardant à les discuter, écartant les équivoques, mais aussi courant le risque d'en provoquer d'autres par le désir, auquel il cède, de rendre justice à ce qu'ont de vrai d'autres doctrines ou de légitimer d'autres langages. Comme une lumière qui s'étale et se disperse, celle de la pensée qui s'explique perd de son intensité.

Il faut donc saisir les rares occasions où le théologien s'abandonne aux joies de la | contemplation théologique, **134** lorsque son regard embrasse le maximum de vérité dans la vue la plus simple. Dans la lumière de l'intellect, la raison parcourt avec agilité l'espace infini qui s'étend entre la cause première et les plus humbles de ses effets. La distinction fondamentale, entre ce qui est de la nature et ce qui est de la grâce, n'est certes pas oubliée ni, moins encore, effacée, mais une perspective prise du point de vue de Dieu doit permettre de tout saisir d'un seul regard, dans l'unité d'un ordre où s'inscrivent à leurs places toutes les différences.

Tout lecteur assidu de Saint Thomas connaît de ces moments et pourrait citer de tels passages où s'entend dans sa pureté la voix de la théologie même. En voici un, rendu aussi fidèlement que faire se peut lorsqu'il faut transposer la pensée de Saint Thomas dans une langue moins exacte que la sienne, mais fidèle d'intention et respectant la continuité parfaite qui lui est essentielle. L'original, qui fait seul foi, parle avec une énergie qu'on ne peut égaler, mais, justement, l'objet de cette expérience n'est pas de substituer une copie à un modèle ; tout au contraire, on voudrait, pour leur propre bien, lui amener des lecteurs, des élèves, des amis.

Que la question soit donc de savoir « Si, dans le divin, il y a pouvoir d'engendrer » (QDP., 2, 1) ? Quinze objections le nient, et, à vrai dire, il est facile d'en trouver. Tout l'Arianisme est déjà rendu sur place, occupant | le terrain depuis des siècles, **135** toujours refoulé ou contenu, mais co-essentiel à la raison naturelle même. Que Dieu soit l'Être, on peut l'admettre, mais qu'il soit Père, qui pourrait y consentir ? Cela ne se peut que par la foi au Fils. Il est donc certain d'avance que la question appartient de plein droit à ce « révélé », dont l'essence même

est de transcender la vue de la raison naturelle et qui, par
là, constitue la matière propre de la spéculation théologique.
Aucune métaphysique ne prouvera jamais que Dieu ait le
pouvoir d'engendrer; pourtant, s'il l'a, on ne définira pas cette
vérité avec la précision désirable sans la situer à sa place entre
d'autres dont la raison naturelle, sans intégralement les
« comprendre », pénètre mieux le sens. Laissons Saint Thomas
lui-même parler à sa mode et théologiser comme il lui plaît.

> En réponse, il faut dire que la nature de tout acte est de se
> communiquer autant qu'il est possible. Chaque agent agit donc
> selon qu'il est en acte. Agir n'est d'ailleurs rien d'autre que
> communiquer ce par quoi l'agent est en acte, pour autant que
> cela est possible. Or la nature divine est suprêmement et très
> purement acte. Elle se communique donc autant qu'il est
> possible. Elle se communique elle-même aux créatures par
> ressemblance seulement, ce que chacun peut voir, car toute
> créature est un étant (*ens*) parce qu'elle ressemble à cette
> Nature. Mais la foi catholique lui attribue encore un autre mode
> de communication, en tant que cette même Nature se commu-
> nique par une communication quasi naturelle, de | sorte que,
> comme celui à qui l'humanité est communiquée est homme, de
> même aussi celui à qui la déité est communiquée n'est pas
> simplement semblable à Dieu, mais est vraiment Dieu.
>
> On observera à ce sujet que la nature divine diffère des formes
> matérielles à deux égards. D'abord en ceci que les formes maté-
> rielles ne sont pas subsistantes, ce qui fait que, chez l'homme,
> l'humanité n'est pas la même chose que l'homme, qui subsiste;
> alors qu'au contraire la déité est la même chose que Dieu, et
> que, par conséquent, la nature divine est subsistante. L'autre
> différence est que nulle forme ou nature créée n'est son être
> (*suum esse*), au lieu que c'est l'être même de Dieu, qui est sa
> nature et sa quiddité, et de là vient que son propre nom est *Qui*

136

Est, comme il appert d'Exode, 3, 14, car il est ainsi dénommé comme à partir de sa propre forme.

Dans les êtres de ce bas monde, au contraire, la forme ne subsiste pas par soi. Il faut donc qu'il y ait, dans ce à quoi elle est communiquée, quelque chose d'autre, par quoi cette forme, ou nature, reçoive la subsistance. C'est la matière, en quoi les formes et les natures matérielles subsistent[1]. Mais puisque la nature ou forme matérielle n'est pas son être, elle reçoit l'être parce qu'elle est reçue dans quelque chose d'autre qu'elle. Il suit de là qu'elle a nécessairement un être différent selon que ce en quoi elle est est différent, d'où vient que l'humanité n'est pas une comme être chez Socrate et chez Platon, bien qu'elle soit une quant à sa notion propre.

Au contraire, dans la communication où c'est la nature divine qui est communiquée, comme elle-même est subsistante par soi, rien | de matériel n'est requis pour qu'elle reçoive la subsistance. Elle n'est donc pas reçue en quelque chose comme en une matière, ce qui a pour effet que les sujets ainsi engendrés sont composés de matière et de forme. En outre, puisque l'essence elle-même est son être, elle ne reçoit pas l'être par des suppôts dans lesquels elle serait. Cette nature est donc en vertu d'un seul et même être dans celui qui la communique et dans celui à qui elle est communiquée ; ainsi, elle demeure numériquement la même dans l'un et l'autre.

On trouve un exemple très satisfaisant de cette communication dans l'opération de l'intellect. En effet, spirituelle elle-même, la nature divine se laisse plus facilement éclaircir par des exemples spirituels. Lorsque notre intellect conçoit la quiddité d'une chose quelconque subsistant en soi hors de l'âme, il se produit une sorte de communication de cette chose qui existe en soi. En effet, notre intellect reçoit de cette chose extérieure,

137

1. « …materia, quæ subsistit formis materialibus… », littéralement : qui sub-siste sous les formes corporelles, au sens bas-latin de *subsistere* : soutenir.

d'une certaine manière, sa forme, de sorte que, lorsqu'elle existe dans notre intellect, cette forme intelligible provient en quelque manière, de la chose extérieure. Seulement comme la chose extérieure est d'une nature différente de celle du sujet intelligent, l'être de la forme contenue dans l'intellect est autre que celui de la chose subsistant par soi.

Dans le cas où ce que notre intellect conçoit est sa propre quiddité, tout ceci reste vrai. En effet, d'une part, c'est bien alors la forme même intelligée par l'intelligent qui procède d'une certaine manière dans l'intellect quand celui-ci la conçoit. Une certaine unité se trouve alors préservée entre la forme conçue qui provient, et ce dont elle provient. En effet, l'une et l'autre ont un être intelligible, puisque l'une a l'être de l'intellect, et l'autre celui de la forme intelligible, qu'on nomme le verbe de l'intellect. Pourtant, comme notre intellect **138** n'est | pas, de par son essence, en acte parfait d'intellectualité, et qu'en outre l'intellect de l'homme n'est pas la même chose que la nature humaine, il en résulte que, bien qu'il soit dans l'intellect, et qu'il lui soit de quelque façon conforme, le verbe en question n'est pourtant pas identique à l'essence même de l'intellect, mais qu'il en est une ressemblance expresse. D'ailleurs, dans la conception d'une forme intelligible de ce genre, il n'y a pas communication de la nature humaine, comme il le faudrait pour qu'on pût parler d'une génération proprement dite, qui comporte la communication d'une nature.

Pourtant, de même que, lorsque notre intellect s'appréhende soi-même, on trouve un certain verbe qui en procède et qui porte la ressemblance de ce dont il procède, de même aussi, dans la divinité, on trouve un verbe portant la ressemblance de ce dont il procède. Cette procession surpasse en deux points celle de notre verbe. Premièrement, notre verbe est différent de l'essence de notre intellect, comme il a été dit; au contraire, étant en acte parfait d'intellectualité par son essence, l'intellect divin ne peut recevoir aucune forme intelligible qui ne soit son essence. Son verbe est donc d'une seule essence avec lui. En outre puisque la nature divine est sa propre actualité, ainsi la communication qui se fait en elle par mode intelligible s'y fait aussi par mode de nature, de sorte qu'on peut la nommer une génération, et, en ceci, le verbe de Dieu surpasse la procession de notre verbe. Augustin assigne ce mode de génération.

Mais nous parlons du divin à notre manière, celle que notre intellect emprunte aux choses inférieures dont il tire sa science. Et comme, dans les choses inférieures, on n'attribue jamais une action sans poser un principe de cette action, que l'on nomme une puissance, nous faisons la même chose quand il s'agit du | divin, bien qu'il n'y ait pas en Dieu de différence entre la **139** puissance et l'action, comme il y en a une dans les choses créées. Et c'est pourquoi, ayant posé en Dieu une génération, ce qui s'entend comme une action, il faut concéder qu'il a le pouvoir d'engendrer et lui attribuer une puissance génératrice.

La méthode est apparente. Le théologien tient par la foi qu'il y a, dans la Trinité chrétienne, un Père et un Fils ; mais cette relation de paternité et de filiation, que nous connaissons bien d'expérience, implique de la part du père le pouvoir d'engendrer ; la question est donc de savoir si, dans la divinité comme dans les objets finis d'expérience on doit parler d'un pouvoir d'engendrer.

Si l'on répondait non, qu'arriverait-il ? Qu'il faudrait renoncer à parler de Dieu le Père et, par conséquent, de parler de Jésus Christ comme du Fils de Dieu, notre Sauveur. Voilà donc l'objet le plus immédiat de la foi chrétienne éliminé comme dénué de sens. Au lieu de nous aider dans l'intellection de la foi, la théologie nous le rendrait impensable.

Dira-t-on que Dieu est vraiment père, mais qu'il l'est sans avoir le pouvoir d'engendrer ? Le résultat serait le même, car enfin *de divinis loquimur secundum modum nostrum*, et c'est là notre seul choix si nous ne renonçons pas simplement à en parler. Or tout être connu de nous, et capable d'engendrer, est, par définition doué du pouvoir de le faire. Parler d'un géniteur

140 sans pouvoir d'engendrer, | c'est pour nous ne rien dire. Saint Thomas exige donc du théologien qu'il assume la pleine responsabilité de son langage et que, devant nécessairement user de mots humains, il ne les emploie pas en les vidant de tout sens concevable. Dieu le Fils est engendré par le Père, le Père a donc le pouvoir d'engendrer : *est potentia generativa in divinis.*

Tel est le moment affirmatif de la théologie, mais le théologien n'atteindrait pas sa fin s'il nous laissait croire que Dieu est Père, et qu'il a le pouvoir d'engendrer au sens où cela est vrai des êtres finis dont nous avons l'expérience. L'intellection de la foi, autant qu'elle est possible, va donc au contraire exiger du théologien un effort pour dépasser ces images, c'est-à-dire, pour éliminer de la notion de génération tout ce qui, en la liant à l'être fini, la rendrait inapplicable à Dieu.

C'est ce que vient de faire Saint Thomas, non seulement à propos de la notion de génération, mais encore en interprétant avec une attention critique aiguë chacun des exemples qu'il empruntait, chemin faisant, aux fonctions cognitives où l'intellect « conçoit », c'est-à-dire, « engendre », ses concepts.

On ne peut observer la manière dont il conduit cette purification théologique sans remarquer le principe dont elle procède : la notion de Dieu comme pur acte d'être dont l'essence est identiquement cet être, *Ipsum Purum Esse*, ou *Natura Essendi*. Pas un moment de cette dialectique où elle

141 soit perdue | de vue ; au contraire, cette notion en est comme le ressort, le nerf, la vie : *ipsum esse Dei est ejus natura et quidditas ; ipsa essentia est suum esse* ; en nous, au contraire, *aliud est esse formæ intellectus comprehensæ, et rei per se subsistentis.* On retrouve à chaque pas l'une des opérations dont la suite est décrite dans les deux Sommes : réduction de l'opération à la puissance, de la puissance à la nature, de la nature à l'essence et de l'essence à l'*esse*, c'est-à-dire, en dernière analyse, à l'Est de Qui Est.

Il est donc IMPOSSIBLE de professer la théologie de Saint Thomas sans souscrire en même temps à sa notion de Dieu et, par implication, à sa notion de l'être. Certains pensent se mettre suffisamment d'accord avec sa pensée en reliant ses conclusions théologiques à la notion de Dieu conçu comme Être, mais ce n'est pas assez faire si, en même temps, on ne conçoit pas l'être comme fait Saint Thomas.

La plupart des difficultés auxquelles se heurtent certaines théologies viennent de là. Identifiant Dieu à l'être, elles sont en cela d'accord avec Saint Thomas, mais elles ne le sont pas vraiment parce que l'être auquel elles pensent est d'abord celui de l'essence (*essentia, entité*) ou, au mieux, d'un étant (*ens*) dont l'essence est simplement mise par sa cause en état d'existence. Cet être d'essence s'offre alors à l'entendement sous la forme d'une idée première, le plus souvent conçue | comme **142** celle de l'être simplement possible, indéterminé, illimité, infini et universellement applicable à tout ce qui est. Cette notion d'être est comme un double abstrait et formel de l'être réel en général. Mais l'être en général n'existe pas en tant que général. Manifestement, une telle notion ne peut être immédiatement obtenue à partir de l'expérience. On est donc irrésistiblement tenté, pour en expliquer l'origine, de voir dans notre idée abstraite d'être comme la forme même de notre intellect, imprimée sur lui par Dieu et dans laquelle tout est intelligible en nous, comme tout est subsistant en Dieu à titre d'effet et d'image créée. De là, contre l'intention réelle et la pensée expresse de leurs auteurs, le reproche dirigé contre eux d'un

« ontologisme » dont ils sont innocents et qu'ils répudient d'ailleurs de toutes leurs forces. Mais l'apparence est contre eux, et l'on a vu des maîtres illustres en théologie thomiste s'exposer gratuitement à l'objection, que sanctionne parfois une condamnation, faute d'avoir discerné la vraie notion thomiste d'être ou de l'avoir perdue de vue.

Pour comprendre la doctrine de Saint Thomas, il faut voir que sa noétique y est entièrement conditionnée par une métaphysique de l'être, et que cette métaphysique requiert une notion de l'être telle qu'elle contienne en soi, et livre au premier coup d'œil, ce qui relie le fini à sa cause première, et ce **143** qui l'en distingue. À partir de ce moment, qui est le | premier, il devient également impossible de concevoir le fini comme indépendant de sa cause et de le confondre avec elle. Rien n'est sans Dieu et rien n'est Dieu.

Tous les théologiens l'enseignent et les différences entre eux ne sont que dans la manière de l'enseigner, mais ces différences importent, sinon directement au salut lui-même, qui est la fin propre de la révélation, du moins à l'intellection de la foi, qui est la fin propre de la théologie. Or ce que dit Saint Thomas sur ce point, c'est précisément que la notion première formée par l'intellect *n'est pas* une notion de l'être si indéterminée qu'elle conviendrait également à Dieu et aux créatures. Au contraire, la notion première, qui est principe premier dans l'ordre de l'appréhension simple, est celle de l'étant (*ens*), propre à la créature conçue comme « ce qui a l'être » (*habens esse*) et, par conséquent, inapplicable à Dieu sous cette forme. Car Dieu n'est pas un étant, il n'a pas l'être, il Est[1].

| Si l'on y prend garde, on verra pourquoi, en raison de cette **144** vérité même, des preuves de l'existence de Dieu par la voie de causalité sont, chez Saint Thomas, à la fois possibles et nécessaires. Elles sont possibles puisque, partant de l'étant, on peut remonter à l'être comme à la cause de ce que l'étant (*ens*) a d'être (*esse*). Elles sont nécessaires précisément parce que, ne partant pas d'une notion indéterminée de l'être en général, mais de l'expérience sensible de l'être de quelque étant, on ne saurait découvrir dans la notion de l'*habens esse*, par voie analytique et comme *a priori*, celle, toute différente de l'*esse* pur, subsistant par soi comme s'il était à soi-même sa propre essence. Une preuve inductive est alors nécessaire, dont le seul moyen concevable est la causalité.

On voit en même temps la raison profonde pour laquelle, ainsi sauvée de l'ontologisme dès sa première démarche, la

---

1. C'est ce que n'ont pas vu les philosophies chrétiennes qui identifient successivement la *lumière de la raison*, l'*être* présent à la pensée, l'*essence* de l'être, et l'*idée* de l'être. Ces équations visent à faciliter la synthèse d'une métaphysique de l'être de type thomiste et d'une noétique de l'illumination, de type augustinien. Mais ce n'est pas la bonne manière de procéder. L'intériorité augustinienne de Dieu à la pensée se retrouve aisément, dans le thomisme, sous la forme d'une intériorité universelle de Dieu à sa création. Présent à tout selon la nature de chaque être, il l'est à l'âme comme âme, à l'amour comme amour et à l'intellect comme intellect. C'est en ce sens que l'Être cause en nous, comme dans un être doué de connaissance intellectuelle, la notion abstraite d'être. Les néo-augustinismes ne se satisfont pas des thomismes mutilés qu'on leur présente, et ils n'ont pas tort, mais ils s'épargneraient des tentatives de synthèse vouées à l'échec, s'il poussaient la réflexion, au-delà de l'*idée* de l'être révélant l'*essence* de l'être, jusqu'à l'acte d'être lui-même. Sans l'acte d'être, aucune théologie ne peut remplacer celle de Saint Augustin.

doctrine de Saint Thomas est immédiatement orientée vers
145 cette théologie négative et transcendante qui | recueille, dans ce
qu'il avait de plus précieux, l'héritage de la théologie grecque.
Car si l'on part de ce qui a l'être, ou « étant », posé comme
l'objet propre de l'entendement humain, il va de soi que l'être
pur, qui est Dieu, échappe naturellement à nos prises. Impossible pour nous d'imaginer un Est subsistant en soi sans l'appui
d'un « ce qui ». Quelque nom que nous donnions à Dieu, il
faudra toujours ajouter qu'en lui, ce nom signifie la nature, qui
est la substance, qui est l'essence, qui est l'*ipsum purum esse*.
De cet être pur, aucune représentation n'est possible, et
c'est pourquoi, en fin de compte, l'homme ne peut ici-bas
qu'étreindre Dieu par l'amour, au-delà des affirmations et
des négations, dans l'obscurité. Aussi Saint Thomas ne dit-il
pas seulement que l'être de Dieu nous est mal connu ; c'est
« inconnu » qu'on l'a entendu dire. Rappelons-le : *Esse Dei est
ignotum*.

Cette transcendance absolue de Dieu ne s'exprime bien
que dans un langage métaphysique où, pour en parler avec le
plus de précision possible, on peut dire de Dieu que même *ens*
ne lui convient pas exactement, car Dieu est à l'état pur et
exclusivement ce par quoi le fini est de l'étant, grâce à sa
participation à l'être. On ne saurait se permettre aucune liberté
de langage avec cette théologie, car à moins de la suivre
jusqu'au sommet de ce pic dénudé, on en manque l'idée
même. La notion de Qui Est offre le seul point de perspective à
146 partir duquel notre science de Dieu, | si pauvre soit-elle, offre
du moins une réelle analogie avec celle que Dieu a de lui-
même. Dieu sait tout en se sachant, et la science qu'il a de soi
est son essence, qui est en lui l'être pur ; la théologie doit son
pouvoir, étant une, d'embrasser d'un seul regard la totalité de

l'être, à ce qu'elle s'organise autour d'une notion de Dieu semblable à la connaissance qu'il a de soi et de tout, du fait même qu'il Est.

On vient de voir qu'il en est bien ainsi dans la discussion de la notion de génération divine. En effet, au moment d'aborder ce problème essentiellement théologique dont, quelle qu'elle soit, la réponse doit rester pour nous enveloppée de mystère, Saint Thomas rappelle en quelques lignes lourdes de doctrine, la notion purement métaphysique de l'acte d'être, la plus haute de celles dont nous puissions faire honneur à Dieu : *natura cujuslibet actus est, quod seipsum communicet quantum possibile est... Natura autem divina maxime et purissime actus est...*; elle se communiquera donc autant qu'il est possible, et c'est possible de deux manières, d'abord, ainsi que chacun peut le voir, comme une cause produisant des effets qui lui ressemblent; ensuite, ainsi que la foi catholique l'enseigne, par une communication quasi naturelle, celle où Dieu engendre un Dieu. Qu'est ceci ? De la métaphysique ? Ou quelque étrange mixture de raison et de foi, de connaissance naturelle ou de vérité révélée ? Peut-on expliquer à la | fois la possibilité **147** de la création du monde et celle de la génération du Verbe ? Confondrons-nous philosophie et théologie ? Non, et Saint Thomas lui-même a marqué le point où se produit le changement d'ordre : *Sed fides catholica etiam alium modum communicationis ipsius ponit.* Pourtant, sans confondre, il unit, accueillant toute vérité, naturelle ou surnaturelle, quelle qu'en soit la source, et l'amenant à sa place, celle qu'elle doit avoir dans la pensée pour correspondre à l'ordre de dépendance qu'elle a dans l'Être. Entre Dieu et son œuvre, il y a discontinuité d'être, mais aussi continuité d'ordre intelligible, et cette continuité peut être retrouvée par la raison, pourvu que celle-ci parte du véritable principe. À cette condition, sans compromettre son unité, la théologie peut tout inclure, considérant tout du point de vue de la science qu'en a Dieu lui-même. Là, cela même que nous savons naturellement devient du révélable, car Dieu sait tout et il n'est rien de ce qu'il sait qu'il n'eût pu révéler.

CAUSALITÉ ET PARTICIPATION

> *... creare convenit Deo secundum suum*
> *esse, quod est ejus essentia ...*
>
> ST. I, 45, 6

Toutes les théologies chrétiennes enseignent que l'univers est l'œuvre de Dieu, qui l'a créé de rien par un libre acte de sa puissance. Il va de soi que Saint Thomas enseigne la même doctrine, mais sa manière de l'enseigner ne se confond pas avec celle des autres, car s'il affirme avec eux que l'acte créateur a pour effet propre de causer l'être des créatures, sa métaphysique personnelle de l'être affecte doublement chez lui les données traditionnelles du problème, en ce qui concerne les notions du créateur lui-même, de l'acte de création et de la nature précise de son effet.

À qui, *en Dieu même*, appartient-il de créer? Comme on peut le prévoir, la réponse correcte est que tout ce qui, en Dieu, est commun à toute la divinité, est cause de tout ce | qui est. **150** Pourtant, certains théologiens hésitent, car, dans une perspective théologique chrétienne, la création de l'univers n'est pas la première manifestation de la fécondité divine. Pour user du langage de Saint Thomas lui-même, « la procession de la personne divine est antérieure à la procession de la créature, et plus parfaite » (ST. I, 45, 6, 1). En effet, la personne divine procède en parfaite ressemblance avec son principe, mais la créature, en ressemblance imparfaite seulement. Il semble donc que les processions des personnes divines soient la « cause » de la procession des choses et qu'ainsi créer appartienne en propre à la personne.

Saint Thomas ne le niera pas, bien au contraire, mais il faut voir en quel sens cela est vrai. La Trinité est engagée tout entière dans l'œuvre de création, comme on le voit au langage même de l'Église dans le *Symbole des Apôtres*. Le chrétien croit au Père tout-puissant, créateur de toutes choses visibles et invisibles ; il attribue encore au Fils que tout ait été fait par lui, et enfin, au Saint Esprit, qu'il soit Seigneur et vivificateur ; c'est donc bien aux personnes qu'il appartient proprement de créer. Pourtant, si l'on y prend garde, les personnes opèrent ici en tant qu'elles incluent des attributs essentiels de Dieu, c'est-à-dire des attributs de l'essence divine, qui sont l'intellect et la volonté. Un artisan opère par le verbe intérieur que son enten-
151 dement conçoit et par l'amour qu'a sa volonté | pour l'objet de son opération. De même, en Dieu, le Père produit la créature par son verbe, qui est le Fils, et par son amour, qui est le Saint Esprit (*ex voluntate Patris cooperante Spiritu Sancto*). C'est dire que les personnes divines nous renvoient ici à l'essence divine ; elles sont en effet créatrices en tant qu'elles en incluent deux attributs essentiels.

Remonter jusqu'à l'essence divine, qu'est-ce à dire ? En Dieu, l'essence est l'être même. Or, créer, c'est proprement causer, ou produire, l'être des choses (*causare, sive producere esse rerum*). Entendons bien, et, s'il le faut, ramenons une fois

de plus notre esprit vers cette notion fondamentale de l'*esse*,
ou être, conçue comme distincte de celle de l'*ens*, ou «étant»,
car c'est bien l'être ainsi conçu, à la thomiste, qui est ici en
cause. En effet, «puisque tout ce qui fait, fait quelque chose
qui lui ressemble, le principe d'une action peut se connaître à
son effet : ce qui engendre du feu, est du feu. Créer (*i.e.*, faire
de l'être) appartient donc à Dieu selon son être, qui est son
essence (*creare convenit Deo secundum suum esse, quod est
ejus essentia*), et puisque l'essence est commune aux trois
personnes, créer n'est pas propre à une personne, mais
commun à toute la Trinité» (ST. 1, 45, 6).

Cette notion est comme le cœur même de la théologie de la
création. Ainsi qu'il est de règle chaque fois que la notion
d'être est en | cause, l'esprit hésite entre concevoir la cause à   **152**
partir de l'effet, selon l'ordre philosophique, ou concevoir
l'effet en fonction de sa cause, selon l'ordre théologique. Le
philosophe chrétien fait les deux, car il théologise, et le
théologien ne se prive pas de philosopher. On peut donc dire
que, puisque Dieu est «être» (*esse*), et que toute cause produit
un effet qui lui ressemble, l'effet propre de Dieu est l'être de
la créature; créer, c'est bien *producere esse rerum*; ou bien,
inversement, puisque les créatures sont des étants parce
qu'elles ont l'être (*esse*), on peut, remontant de là vers Dieu,
dire que, pour être leur cause, il faut que lui-même soit l'acte
pur d'être : *ipsum purum esse*. Dès qu'on a saisi le sens
thomiste de la notion d'*esse*, les deux voies ne sont plus que les
deux sens d'une seule et même voie. Comme disait Héraclite,
c'est le même chemin qui monte et qui descend. Nous revien-
drons sur ce problème. Pour le moment, contentons-nous
d'approfondir, à partir de la notion d'être, la notion de création.

Puisque la démarche naturelle de l'entendement est de juger la cause par l'effet, on dira d'abord que créer un étant, c'est le produire de rien : *ex nihilo*. Dans la théologie thomiste, cette formule est souvent remplacée par d'autres telles que : *l'émanation de l'être total et universel*, ou encore : *l'émanation de l'être total, à partir du non-étant, qui n'est rien*. Ces deux formules communiquent, mais | elles ne portent pas exactement sur le même aspect de la vérité. L'émanation de l'être universel attire souvent l'attention sur le fait qu'à la différence de ce qui est vrai dans des philosophies telles que celles de Platon et d'Aristote, il n'y a rien de ce qui est inclus dans la notion d'étant, en général, qui ne doive d'être à l'acte créateur. Saint Thomas pense particulièrement à la matière, qu'aucune philosophie grecque n'a conçue comme créée. En philosophie chrétienne, au contraire, puisque la matière existe, elle a de l'être ; elle est donc, elle aussi, un effet de la toute-puissance créatrice de Dieu.

Ce premier sens conduit au deuxième. Assurément, l'acte créateur cause tout ce qui, dans l'étant, est, en un sens quelconque du verbe « être » ; mais en son sens premier et profond, ce verbe désigne l'acte même en vertu duquel un étant se pose, en quelque sorte, hors du néant. C'est précisément cet acte de l'étant, son *esse*, qui est l'effet propre de l'acte créateur. Produire un étant (*ens*) dans son être même (*esse*), c'est le produire à partir de rien. En effet, tout antécédent concevable de la création ne peut être que quelque chose, une espèce quelconque d'étant ; mais, par définition, tout étant possède l'être, et puisque créer est créer l'être, il faudrait que cet antécédent de la création fût lui-même créé. En ce sens le plus profond, créer est la production de l'être total (*totius esse*) parce que l'acte créateur porte premièrement sur | l'*esse* de l'*ens*, c'est-à-dire sur ce qui, dans tout ce qu'inclut la définition de l'étant, fait de lui quelque chose qui est. Il n'y a rien d'antérieur à cela dans le fini, que ce qui n'est pas. Mais ce qui n'est pas n'est pas même un *ce qui*; ce n'est rien, c'est un néant d'être. D'où la formule de Saint Thomas : l'émanation de l'être total, qu'on nomme création, se fait *ex non ente, quod est nihil* (ST. 1, 45, 1).

Telle étant l'action créatrice, elle ne peut appartenir qu'à Dieu seul. En effet, toute autre action productrice d'être a pour effet de produire telle ou telle manière d'être : être homme, être arbre, être en mouvement et ainsi de suite; mais la création produit l'être, absolument, ce qui est l'effet le plus universel de tous, puisque tout autre effet n'est qu'une manière particulière d'être. Or l'effet le plus universel ne peut avoir que la cause la plus universelle, qui est Dieu. C'est ce que Saint Thomas exprime souvent d'un mot dont la simplicité cache la force : l'être est l'effet *propre* de Dieu. En effet, puisque le nom propre de Dieu est Qui Est, et que toute cause produit un effet à son image, il faut que l'être créé ressemble à Dieu, d'abord et avant tout, en étant lui aussi de l'être. D'où l'affirmation réitérée de Saint Thomas que l'être est l'effet premier de Dieu, parce que tous les autres effets présupposent celui-là : *Illud... quod est proprius effectus Dei creantis, est illud, quod præsupponitur omnibus aliis, scilicet* | *esse absolute* (ST. 1, 45, 5). **155**
Mais on ne peut poser l'être comme l'effet propre de Dieu sans dire par là même que Dieu seul a pouvoir de causer l'être, ou de créer. La conséquence est nécessaire, car le premier effet suit de la cause première; or le premier effet est l'être : *primus autem effectus est ipsum esse, quod omnibus aliis præsupponitur et ipsum non præsupponit aliquem alium effectum*; il faut donc que donner l'être comme tel soit l'effet de la première

cause seule agissant selon sa vertu propre : *secundum propriam virtutem*. Entendons par là : et non pas, comme c'est le cas de *toutes* les autres causes, en tant qu'elle tiendrait son efficace d'une autre cause (QDP. 3, 4). La cause première, parce qu'elle est créatrice, est la cause de toute causalité.

Ouvrons une parenthèse pour signaler la vanité des controverses qui prétendent réfuter des conclusions à partir d'autres principes que ceux dont elles découlent. La proposition thomiste : Dieu seul cause l'être, est devenue un champ de bataille entre théologiens de diverses écoles, parfois même entre « thomistes ». Il n'est pas jusqu'à l'admirable Bañes qui n'en paraisse embarrassé. Comment, demande-t-on, une cause peut-elle produire un effet sans produire l'être de cet effet ? Il est vrai, mais tout dépend du niveau métaphysique où l'on pose la question. Saint Thomas est bien loin de nier que les étants ne soient capables de produire d'autres étants ; tout au contraire, nul n'a affirmé | plus vigoureusement que lui l'efficace propre des causes secondes, mais il a non moins fermement refusé d'accorder à ces causes le pouvoir de produire l'être même (*esse*) de leurs effets. Toutes les causes autres que Dieu sont des causes instrumentales, dont l'être (*esse*) est un être reçu de la cause première, et dont l'efficace causale s'exerce sur des matières dont l'être (*esse*) leur est pareillement fourni par cette première cause. En d'autres termes, la causalité des causes présuppose leur être, dont Dieu seul est cause, de même que leurs effets présupposent, pour être produits, que leur matière, leur forme, tous les éléments inclus dans leur structure ontologique, aient été créés par Dieu et soient conservés par lui. On pourrait dire, en un langage strictement thomiste (auquel d'ailleurs Saint Thomas lui-même ne s'astreint pas toujours) que la cause seconde cause tout de l'étant (*ens*) sauf son être (*esse*). Ou encore, et ce semble être la formule préférée de Saint Thomas, la cause seconde ne cause pas l'être, mais l'être-tel et l'être-ceci. Il ne saurait transiger sur ce point, car produire l'être *non inquantum est hoc, vel tale*, ce serait produire l'être absolument; ce ne serait plus causer, mais créer.

Revenons à l'effet de la cause créatrice. C'est, avons-nous dit, l'être même de ce qu'elle cause. On atteint de là une autre notion, très simple bien qu'assez souvent mal comprise, celle de « participation ». Participer et être causé | sont une seule et même chose. Dire que l'être créé est de l'être participé, c'est dire qu'il est l'effet propre de l'Être non causé, qui est Dieu. C'est pourquoi Saint Thomas passe si fréquemment, et sans articuler le mouvement de passage, des idées d'être par soi et d'acte pur d'être, à celles de cause de tout être, d'être causé et d'être par mode de participation. En pareil cas, Saint Thomas est vraiment chez lui, au cœur de sa citadelle métaphysique et théologique. C'est en ce nœud de notions premières qu'on découvre le sens du principe sans cesse allégué par lui, que « ce qui est par autrui se réduit, comme à sa cause, à ce qui est par soi ». En même temps, on voit que la notion d'être par autrui, ou par une cause, coïncide avec celle d'être *per modum participationis*. Enfin, on voit avec évidence le lien qui rattache la notion d'être créé, ou participé, à la notion thomiste de Dieu, acte pur d'être « Car il faut poser un étant (*ens*) qui soit son être même (*ipsum suum esse*); et cela se prouve, car il faut qu'il y ait un premier étant, qui soit acte pur et en qui ne se trouve aucune composition. Il faut donc que soient par cet être unique tous les autres, qui ne sont pas leur être, mais ont l'être par mode de participation ». Ceux qui demandent si, pour Saint Thomas, la création est une notion accessible à la raison

157

naturelle seule, trouvent ici de quoi lever leur doute. C'est là,
dit notre théologien, la raison d'Avicenne (*Metaph.* VIII, 7 et
158 IX, 4). Puis il conclut : | « Ainsi donc il est démontré par la raison
et tenu par la foi que tout est créé par Dieu » (QDP. III, 5). Et
cet accord est théologique.

Il faut, ici se méfier de la notion de participation conçue
comme l'acte de « prendre part » : *partem capere*. Saint
Thomas n'interdit aucun langage qui ne soit pas absolument
injustifiable ; il laissera donc passer aussi cette « étymologie »
mais le rapport de participé à participant doit être entendu,
dans sa métaphysique, comme un rapport ontologique de cause
à effet. Si l'on s'en souvenait, on trouverait moins de difficultés à l'interprétation de certaines preuves de l'existence de
Dieu, la *quarta via* par exemple, car, entendus en leur sens
thomiste, les rapports de « par autrui » à « par soi » qu'elle fait
jouer, sont des rapports d'effets à cause efficiente, ou s'y
laissent réduire. Ceci est vrai même de la participation dans
l'ordre de la cause formelle, par mode de ressemblance, car si
elle n'est d'abord de l'être, la forme elle-même n'est rien. Au
principe de tout, il y a l'être par soi, qui est la cause, et les êtres
par autrui, qui sont causés. C'est donc pour eux une seule et
même chose d'être des étants, d'être les effets de la cause
première et d'être des participations de l'Être par soi. Il faut
s'exercer à parcourir ces notions en tous sens, à les voir
s'engendrer l'une l'autre et à les embrasser ensuite d'un seul
regard, comme une seule vérité.

159 | Les formules qui évoquent ce complexe de notions se
laissent aisément reconnaître. Par exemple : tout ce qui est tel
par mode de participation dépend de ce qui est tel universel-
lement et par essence (appelle souvent la fameuse hypothèse
métaphysique : *unde si esset unus calor per se existens...*) ; ou

encore : « l'être par participation est postérieur à l'être par essence et surtout : ce qui est tel par participation est causé par ce qui est tel par essence ». Le tout vient souvent à la fois, si bien que la preuve que tout étant est créé par Dieu finit en preuve de l'existence de Dieu où toutes les intuitions métaphysiques antérieures, justes mais imparfaites, des meilleurs métaphysiciens, trouvent leur perfection dans la lumière de la notion chrétienne du pur Acte d'Être. Saint Thomas sait fort bien que ni Platon ni Aristote n'ont enseigné la notion de création *ex non ente*, mais lui, théologien, qui considère tout d'une vue analogue à celle de Dieu – *ut sit sacra doctrina velut quædam impressio divinæ scientiæ* – perce de son regard les opacités qui leur cachaient encore leur propre vérité. Il faut le voir lui-même à l'œuvre, dépassant avec intrépidité les métaphysiques grecques que d'un seul mouvement ininterrompu sa propre pensée traverse. Il ne s'agit pas ici de l'histoire des philosophies telles que les ont conçues les philosophes, mais d'une sorte de marche collective à la vérité, sous la conduite | d'un théologien qui suit lui-même la lumière de l'Écriture, **160** *velut stella rectrix.* Écoutons-le.

> Il est nécessaire de dire que chaque étant, de quelque manière qu'il soit, est par Dieu. En effet, si quelque chose se rencontre par mode de participation en quoi que ce soit, il faut nécessairement que cela y soit causé par ce à quoi cela convient par essence, comme le fer est porté au rouge feu par du feu. Or on a fait voir plus haut (q. 3, art. 4), en traitant de la simplicité divine, que Dieu est l'être même subsistant par soi. En outre, on a fait voir (q. 11, art. 4) que l'être subsistant ne peut être qu'unique : de même que, si la blancheur était subsistante, elle ne pourrait être qu'unique, les blancheurs se multipliant selon les sujets qui les reçoivent. Il reste donc que tout ce qui n'est pas Dieu n'est pas son être, mais participe à l'être. Il faut donc nécessairement

> que tout ce qui se diversifie par manière différente de participer
> à l'être, qui les fait être plus ou moins parfaitement, soit causé
> par un étant premier unique, qui est très parfaitement. De là
> Platon disait qu'avant toute pluralité il faut poser l'unité. Et
> Aristote dit dans sa *Métaphysique* (II, text. 4) que ce qui est
> suprêmement être et suprêmement vrai, est cause de tout étant
> et de tout vrai, de la même manière que le suprêmement chaud
> cause toutes les chaleurs (ST. I, 44, 1).

Ainsi, à plus de quarante articles de distance, l'une de ces
cinq « voies » que l'on réduit si volontiers au squelette nu de
leurs schèmes dialectiques, se présente inopinément comme
une philosophie de l'être, une théologie de l'*Esse*, une métaphysique de la création, de la participation et de la causalité.
161 | Rien ne ferait mieux voir ce qu'est une perspective théo-
logique, où les vérités sont données les unes dans les autres,
comme leurs objets eux-mêmes dont l'être n'est concevable
que par l'Être.

C'est que la raison discursive ne peut explorer que par
efforts successifs et discrets la richesse du premier principe.
Un mouvement dialectique est requis pour s'y frayer des
entrées, puis des passages, enfin pour s'y ménager, grâce à des
retours calculés, de ces vues unifiantes où ce que la raison avait
dû dissocier se trouve réuni sous la vue simple qu'en prend
l'intellect. Ce n'est plus alors le simple pressentiment, dont on
était parti, d'une richesse à inventorier; ce n'est pas non plus
l'étalage, sous les yeux, de la multiplicité des biens qu'elle
recèle; on dirait plutôt d'une recomposition, par un mouvement de la pensée, de l'unité de l'être, comme si le regard
pouvait réintégrer le spectre des couleurs dans la lumière
blanche sans les y perdre de vue.

Celui qui s'exerce à penser à l'intérieur des principes
évitera donc de se laisser engager dans les controverses stériles
sur le nombre et l'ordre des voies vers Dieu, sur la question de
savoir si chacune d'elles est une preuve distincte des autres,
enfin sur le problème du point exact, dans le développement de
la *Somme*, où la démonstration de l'existence de Dieu est
réellement achevée. Il y a autant de voies pour aller à Dieu
qu'il y a de modes de | l'être et le développement de n'importe 162
laquelle de ces voies pourrait aller à l'infini, comme la
métaphysique elle-même. L'Être est inépuisable.

Puisque nulle autre méthode ne nous est possible,
reprenons le fil de nos réflexions. *Quodcumque ens creatum
participat, ut ita dixerim, naturam essendi* : tout être créé
participe, pour ainsi dire, à la nature de l'être (ST. 1, 45, 5, 1m).
Qu'est cette *natura essendi*, sinon Dieu ? (S. Anselme,
Monologium, 3). Voici donc un univers créé d'une nature toute
particulière, puisque chaque être particulier, en tant même
qu'il est être, participe à la nature de l'être divin, non comme
la partie participe du tout, mais comme l'effet participe de sa
cause efficiente. Créé, puis conservé par une action de même
nature que celle qui l'a créée l'être second ne subsiste, à
chaque moment de sa durée, qu'en vertu de l'efficace divine.
Si l'on se pénètre de cette vue, une nouvelle suite de conséquences s'offre à l'esprit et le conduisent au cœur de l'univers
thomiste dans ce qu'il a de plus littéralement sacré.

Il devient en effet manifeste que Dieu est présent à l'être de
chacune de ses créatures, immédiatement, par son essence et
intimement.

Le premier effet de Dieu est l'être même des êtres. L'efficace divine atteint donc directement et immédiatement la
créature, d'abord, parce que créer étant le mode propre | à 163

Dieu, rien ne s'interpose ici entre la cause et l'effet : ensuite, parce que, du côté de la créature elle-même, il n'est rien qu'elle puisse recevoir sans recevoir d'abord l'être. Toutes les déterminations particulières de l'être le présupposent ; il est donc certain que Dieu est immédiatement présent par son efficace à chacun des effets qu'il produit.

Mais, en Dieu, l'efficace, le pouvoir et la volonté sont l'essence divine même ; là où est l'efficace de Dieu, là aussi est son essence : *ubicumque est virtus divina, est divina essentia* (QDP. III, 7) ; il est donc littéralement vrai de dire que Dieu est présent aux êtres par son essence même. On aurait d'ailleurs pu inférer cette conclusion directement, de ce que, dans la Sainte Trinité, la création appartient en propre à l'essence, qui est l'*esse* divin même. Il y a donc continuité d'une de ces positions à l'autre : Dieu est son être ; toute cause efficiente produisant son semblable, l'acte propre de l'Être est de causer de l'être ; l'être causé ne subsiste que par la continuation de l'action créatrice ; l'être créé est une participation de l'Être créateur ; enfin l'Être créateur est présent par son essence même à l'être créé qui ne subsiste que par lui.

Cet enchaînement de propositions met en évidence le rôle unique joué dans cette théologie par la notion d'être (*esse*) dont l'archétype et le modèle, si l'on peut dire ainsi, est Dieu lui-même révélant son nom dans l'*Exode*. Il faut en revenir 164 souvent à ce point central | dans la doctrine : on ne peut se former une notion correcte de l'être, tant que l'esprit ne s'est pas exercé à concevoir l'être à l'état pur, libre de tout alliage d'essence surajoutée et se suffisant à soi-même, sans l'addition ne serait-ce que d'un sujet pour le porter et constituer avec lui un étant. Le langage est incorrigible, mais on peut penser correctement ce que la parole échoue à bien dire. L'extrême

pointe accessible au langage est atteinte lorsque le métaphysicien ose dire que Dieu n'est pas vraiment un *ens*, mais bien
l'*ipsum purum esse*.

À partir de ce point, l'étant fini se conçoit plus clairement
comme composé de ce qu'il est et d'une participation, par
mode d'effet, de l'être pur subsistant. Il faut bien que l'être soit
en nous réellement autre que l'essence, puisqu'il y a un être qui
n'est qu'Être. Assurément, la considération directe de l'être
fini suffit à démontrer sa contingence, mais il s'agit ici de
la structure métaphysique même de cet être contingent. Car
toutes les théologies chrétiennes enseignent la contingence du
fini créé, mais une seule trouve la racine de cette contingence,
à l'intérieur du créé, dans l'impuissance de l'acte qui le fait
être, à être l'Être, purement et simplement. Toutes les thèses
fondamentales de la métaphysique coulent ici les unes dans les
autres, car ce qui est, mais n'est pas l'Être, ne subsisterait pas
un instant sans la présence immédiate de l'essence créatrice.
L'univers se compose d'essences | dont aucune n'est l'Être, 165
mais qui toutes sont des étants parce qu'elles sont et durent,
hors du néant, comme effets de Celui Qui Est.

Il y a dans cette doctrine une sobriété métaphysique dont la
grandeur étonne. Beaucoup lui reprochent de ne pas assez
parler au cœur, mais eux-mêmes n'entendent pas ce qu'ils
disent. Pour que le cœur parle, ou qu'on lui parle, il faut
d'abord qu'il soit. Même à s'en tenir à l'ordre, si légitime en
soi, de l'affectivité et du sentiment, à quel cœur ne doit-il pas
suffire de se savoir pénétré de l'efficace divine au point de
n'en être que l'effet? Est-il dépendance plus étroite, à l'égard
de sa cause, que celle d'un effet qui en dépend dans son être
même? C'est à ce coup que nous avons en Lui la vie, le
mouvement et l'être. Il suffirait que Dieu cessât de nous

vouloir, pour que nous cessions d'exister. Bien malheureuse la dévotion que ne satisferait pas le sentiment d'une telle dépendance, qui, loin d'exclure celles du cœur et de la volonté, les inclut et les fonde. Celle-ci est vraiment la dépendance de toutes les dépendances. Au-dedans même de l'être fini, Dieu veille par son efficace, pure présence de l'Être à l'étant, qui n'est *ens* qu'en vertu de l'*Esse*.

Cette métaphysique de l'être est d'ailleurs bien loin d'exclure celle de l'amour, car pourquoi Dieu veut-il la nature et l'homme, sinon parce qu'il les aime ? Ces considérations ont 166 leur lieu et, lorsqu'elles viennent, elles ne | perdent rien à s'établir sur une vue du monde et de Dieu qui les fonde. L'univers où vit le chrétien est habité par Dieu jusqu'en cela même par quoi il est quelque chose ; faute de comprendre cela, on risque de manquer le sens des thèses maîtresses de la théologie, y compris celles qui commandent directement l'enseignement du Maître sur la coopération de Dieu à l'action des créatures et sur l'économie de la grâce même.

On ne saurait donc s'exercer trop soigneusement ni trop souvent à méditer le sens de conclusions dont la valeur s'exténue jusqu'à disparaître dès qu'on manque à leur donner leur sens plein. Dieu *est en* toutes choses, parce qu'il *opère en* toutes choses et que, partout où un être opère, il y est : *ubicumque operatur aliquid, ibi est*. Ce que Dieu opère dans un être, c'est l'être, qu'il donne parce que lui-même Est. Dieu crée et conserve cet effet dans les choses tant qu'elles durent, comme le soleil cause la lumière dans l'air, tant qu'il fait jour. Aussi longtemps donc qu'une chose possède l'être, aussi longtemps faut-il que Dieu lui soit présent selon la manière dont elle le possède. Les autres perfections ont chacune leur prix, mais elles ne seraient rien sans celle-là. Ce à quoi Dieu est présent d'abord dans sa créature est donc ce qu'il y a en elle de plus intime; il atteint l'étant dans son cœur même : *unde oportet quod Deus sit in omnibus rebus, et intime* (ST. 1, 8, 1).

| Telle est cette théologie de la causalité fondée sur celle de **167** l'acte d'être. Rien n'est plus simple : Dieu est en toutes choses par essence, en tant qu'il leur est présent comme la cause qui fait qu'elles sont : *est in omnibus per essentiam, inquantum adest omnibus ut causa essendi* (ST. 1, 8, 3). Les autres vérités concernant l'univers ont leur importance, mais toutes passent après celle-ci, puisque Dieu est présent partout où il y a de l'être, et que là où Dieu n'est pas, il n'y a rien. Il faut s'accoutumer à penser ces vérités, d'abord chacune en elle-même, puis toutes ensemble dans le mouvement même dont elles s'engendrent à partir du nom propre de Dieu. Alors seulement l'univers lui-même commence à révéler son secret, et non plus seulement pourquoi il est, mais ce qu'il est.

L'ÊTRE ET LES ESSENCES

> *… ex diverso modo essendi constituuntur*
> *diversi gradus entium.*
>
> CG. I, 50, 7

L'existence de l'univers est inintelligible sans l'existence de Dieu, mais une fois qu'elle a posé Dieu comme l'acte pur d'être, la raison n'est pas moins embarrassée pour expliquer l'existence de l'univers. En effet, l'univers ne se suffit pas sans Dieu, mais Dieu se suffit sans l'univers. Comment peut-on concevoir la possibilité d'autre chose que l'Être déjà posé en soi comme l'infinité de son acte ?

Il ne faut pas espérer de réponse simple et claire à cette question, non seulement parce qu'elle concerne l'être, mais encore parce qu'elle porte sur le secret de la liberté divine. C'est une raison de plus pour ne pas perdre de vue la position correcte de la question. Le point de départ de l'enquête est le monde de la nature dont l'homme fait partie et c'est | parce **170** qu'il requiert une cause première de son existence, que les philosophes y ont trouvé cinq voies principales conduisant à l'existence de Dieu. Quelles que soient les difficultés

ultérieures à redouter, il n'est pas en notre pouvoir de nier
l'existence de l'Être pur, infini, parfaitement simple et cause
de tout ce qui n'est pas lui. Que la production de l'univers par
un tel être soit possible, cela est certain, puisque cet univers
existe ; le problème est seulement pour nous de chercher les
raisons de cette possibilité.

Les difficultés à surmonter sont particulièrement graves
dans une théologie comme celle-ci, où la Cause première
transcende l'ordre de l'essence. En effet, il s'agit alors de
savoir comment les essences peuvent émaner de l'être en qui
nulle essence distinctive ne s'ajoute à l'*esse* pour composer
avec lui ? Cette position de la question devrait d'ailleurs suffire
à faire voir en quelle direction doit être cherchée la réponse. Si
l'on posait Dieu dans l'ordre de l'essence, fût-ce même à son
sommet, il deviendrait extrêmement difficile, pour ne pas dire
impossible, de trouver hors de Dieu une place pour le monde
des créatures. On ne peut rien ajouter à l'infini, ni rien en
soustraire, si bien qu'à la parole de Leibniz, « il n'y a qu'un
Dieu, et ce Dieu suffit », on pourrait joindre cette remarque : et
il se suffit. Mais nous partons ici de la notion d'un Dieu entièrement transcendant à l'ordre des essences, qui inclut la tota-
171 lité des créatures, | d'où l'on peut inférer qu'aucun problème
d'addition ou de soustraction ne se posera entre lui et les étants
qu'il crée. Les *entia* et l'*Esse* sont strictement incommensu-
rables ; c'est donc une illusion de l'imagination qui crée ici des
pseudo-problèmes qu'il convient d'écarter.

Allant plus au fond de la question, la raison se persuade
assez vite que cette difficulté est une de celles où les métaphysiques des idées claires et distinctes n'ont aucune chance
de recevoir satisfaction. La nourriture de l'entendement étant
le concept quidditatif, dont l'objet est l'essence, il lui est

impossible de formuler, en un langage qui le satisfasse, une relation entre deux termes dont l'un est une essence et l'autre un au-delà de l'essence. L'entendement conçoit assurément l'acte d'être, mais la conception qu'il en a n'est pas un concept quidditatif, le seul qui le satisfasse parce qu'il se prête seul à la définition. En s'exerçant sur le problème du rapport de l'essence à l'existence, l'entendement doit donc se résigner d'avance à des conclusions dont le contenu ne soit pas entièrement représentable. La non-représentabilité de l'être est en nous comme l'ombre portée de la non-représentabilité de Dieu.

Il reste donc à chercher comment l'essence peut venir de ce qui transcende l'essence en l'absorbant dans l'être. Certain philosophe d'aujourd'hui a reproché aux métaphysiciens d'autrefois de s'être attardés autour du | problème de l'étant 172 (*das Seiende*) sans aborder franchement celui de l'être (*das Sein*). Il se peut que nous méconnaissions le sens exact du reproche, car la vérité nous semblerait plutôt que les métaphysiques les plus profondes, de Platon à Thomas d'Aquin et au-delà jusqu'à notre propre temps, aient senti le besoin de dépasser le plan de l'essence pour atteindre celui de la source et cause de l'essence. Quoi qu'il en soit des autres, la métaphysique de l'*esse* constitue le cas typique d'une ontologie qui refuse expressément de s'en tenir au niveau de l'étant et pousse jusqu'à celui de l'être où l'étant prend sa source. Il est vrai qu'une fois là, le métaphysicien évite bien rarement de parler de l'être autrement que dans le langage de l'étant, mais ceux qui le lui reprochent font exactement la même chose. On dirait qu'ils commettent la même faute, si c'en était une. Mais ce n'est pas une faute. L'erreur est seulement d'annoncer qu'à partir du lendemain on commencera sérieusement à parler du *Sein* autrement que pour dire qu'il serait grand temps d'en parler. L'entendement n'a qu'un langage, qui est celui de l'essence. De l'au-delà de l'essence, on ne peut rien dire, sinon qu'il est et qu'il est la source de tout le reste, mais il est nécessaire de le savoir et de le dire, car prendre l'essence pour l'être est une des causes d'erreur les plus graves qui menacent la métaphysique. L'extrême pointe de la réflexion du méta-

173 physicien est atteinte au moment où | l'étant ne lui est plus concevable que comme une participation de l'être, lui-même insaisissable autrement qu'engagé dans l'essence de l'étant dont il est l'acte.

Sous quelque aspect qu'on envisage le problème, il semble impossible d'éviter la conclusion que l'essence est un amoindrissement, une distension et comme un éparpillement de l'être. Tant qu'on se trouve en présence d'un objet qui a l'être, on est au-dessous du niveau de l'être même. Car de l'être en tant qu'être, il ne peut y en avoir qu'un seul, et comme tout ce qui n'est qu'*un certain être*, ou que *de l'être*, est défini par son essence, il faut nécessairement que l'émanation des êtres à partir de l'être (*emanatio totius esse universalis*) se fasse à la manière d'une descente. Le difficile, qui n'est peut-être qu'imparfaitement possible, est de discerner la nature de l'opération prise en quelque sorte à la source, au moment où la première essence se divise d'avec sa cause, qui est l'acte pur d'*esse*.

La réponse à la question se tire généralement de la notion d'intellect divin, lieu des Idées qui sont elles-mêmes les archétypes des essences. Réponse correcte sans aucun doute et qui peut s'autoriser de ce que Saint Thomas lui-même, à la suite de Saint Augustin, a expressément enseigné sur la nature des Idées divines. Pourtant, il est à peine exagéré de dire qu'au fond, tout ce que Saint Thomas a dit des Idées était dans son

esprit une | concession de plus faite au langage d'une philo-   174
sophie qui n'était pas vraiment la sienne. C'était aussi, n'en
doutons pas, la reconnaissance de l'autorité théologique de
Saint Augustin.

En effet, l'exposé du problème et sa discussion dans le
Contra Gentiles (I, 44-71) relègue à l'arrière-plan la notion
d'idée divine. Celle-ci fait de brèves apparitions aux chapitres
51 et 54, où il est question de la manière dont une pluralité
d'objets connus peut être dans l'intellect divin sans en rompre
l'unité, mais Saint Thomas n'en fait mention que comme d'un
artifice employé par Saint Augustin pour « sauver dans une
certaine mesure l'opinion de Platon ». Celui-ci, dit Saint
Thomas, pour éviter d'introduire de la composition dans
l'intellect divin, a situé les Idées hors de Dieu, comme des
formes intelligibles subsistant en elles-mêmes. Mais on n'évite
ainsi un inconvénient que pour s'exposer à plusieurs autres,
car, d'abord, puisque Dieu devrait alors prendre connaissance
d'objets autres que son essence, sa perfection dépendrait
d'êtres autres que lui-même, ce qui est impossible ; en outre,
puisque tout ce qui n'est pas son essence est causé par elle, ces
formes intelligibles devraient être causées par Dieu, et comme
il ne pourrait les causer sans les connaître, la connaissance
qu'il en a ne peut dépendre d'elles, mais seulement de lui. De
toute manière, il ne suffirait pas de poser des Idées hors de
Dieu pour expliquer la connaissance qu'il a des | choses ; pour   175
que Dieu connaisse les formes des choses, il faut qu'elles
soient dans l'intellect divin lui-même. La solution platonicienne du problème est donc inopérante ; la *Somme contre les
Gentils* ne semble pas avoir jugé nécessaire de mettre en œuvre
la notion platonicienne d'Idée, entendue de quelque manière
que ce soit.

En fait, Saint Thomas n'en a pas besoin, en ce sens qu'il peut exposer la vérité sur ce point sans recourir à aucune notion qui ne découle nécessairement de ses propres principes, ou qui ne coïncide avec l'un d'eux. Dieu est premier moteur ; qu'on le conçoive comme se mouvant soi-même ou comme entièrement immobile, il faut que Dieu soit intelligent. Dans les deux cas, en effet, Dieu meut en tant que désiré, donc en tant que connu, et il ne se peut que ce qu'il meut connaisse sans que lui-même, qui est premier, soit doué de connaissance. Mais nous en revenons aussitôt au grand principe de la simplicité divine. Intelliger est à l'intellect ce qu'être est à l'essence ; mais c'est l'être qui est l'essence de Dieu ; l'intellect de Dieu est donc son essence, qui est son être. Laissons le dire à Saint Thomas lui-même ; on l'emportera difficilement sur lui en brièveté : *Quicquid enim est in Deo, est divina essentia, et divinum esse, et ipse Deus. Nam Deus est sua essentia et suum esse* (CG. I, 45, 2).

Qu'ont à faire les Idées dans une pareille doctrine ? Jean
176 Duns Scot fera pertinemment | observer, qu'un théologien pourrait fort bien expliquer la vérité sur la connaissance que Dieu a des choses sans faire mention de la notion d'Idée. C'est au moins aussi vrai de la doctrine de Saint Thomas. En effet, pourquoi poserait-on des Idées en Dieu ? Pour expliquer comment, *par elles*, il connaît les créatures. Mais Dieu connaît par son intellect, qui est son essence, qui est son *esse*. Comme le dit Saint Thomas avec force, si l'on veut que toute connaissance se fasse par une espèce intelligible, alors, c'est l'essence de Dieu qui est en lui l'espèce intelligible : *impossible est quod in ipso sit aliqua species intelligibilis præter ipsius essentiam* ; et encore : *non igitur intelligit per aliquam speciem, quæ non sit, sua essentia* (CG. I, 46, 4 et 5).

De là résulte cette conséquence étonnante que, si l'on veut parler d'espèces intelligibles à propos de la connaissance divine, on ne peut lui en attribuer qu'une seule. Dans une des analyses de l'acte de connaître les plus limpides qu'il ait données (CG. I, 53, 3), Saint Thomas rappelle que, informé d'abord par l'espèce venue de l'objet connu, l'intellect, en connaissant, forme ensuite en soi une espèce intelligible de cet objet, puis, grâce à cette espèce, une sorte d'*intention* de ce même objet. Cette *intention* en est la notion intelligible (*ratio*), que la définition signifie. L'intention connue, ou notion formée, est donc le terme de l'opération intellectuelle dont l'espèce intelligible est le principe. Ainsi donc, | un intellect **177** averti par l'objet sensible et son espèce, forme lui-même une espèce intelligible, puis, fécondé par cette espèce, forme la notion intelligible de l'objet, son intention.

Nous ne pouvons concevoir l'intellection divine autrement qu'à partir de ce que nous savons de la nôtre. On dira donc que Dieu, lui aussi, connaît les choses par l'opération de son intellect et que son intellect les connaît par une espèce intelligible qui lui permet de s'en former une notion, seulement, dans le cas de Dieu, l'intellect est son essence ; pour la même raison (la parfaite simplicité de Dieu) l'opération de l'intellect divin est identiquement cet intellect, lui même identique à l'essence divine ; enfin (toujours pour la même raison) l'espèce intelligible, principe formel de l'intellection, est identique en Dieu à l'intellect et à son opération, qui le sont eux-mêmes à l'essence, et comme, en fin de compte, l'essence est identique en Dieu à l'être, être et connaître sont en Dieu une seule et même chose : *intelligere Dei est ejus esse.*

On notera, pour y réfléchir longuement, le rôle décisif que joue ici encore la notion première du Dieu de l'Exode : si Dieu connaissait par une espèce intelligible autre que son essence, *il serait par autre chose que son essence* (CG. I, 46, 5), tant sont rigoureusement exactes les réductions successives à l'*esse* que le raisonnement théologique impose : *Si igitur intelligeret* **178** (Deus) *per aliquam | speciem, quæ non sit sua essentia, esset per aliquod aliud a sua essentia, quod est impossibile.* Mais on voit en même temps par là combien la notion d'« idées divines » manque d'urgence en cette doctrine. La théologie thomiste parle le langage d'Aristote, non celui de Platon. Encore dit-elle des choses bien peu aristotéliciennes dans la langue d'Aristote qui, en l'occurrence, est celle de l'espèce intelligible. On lui fera donc dire, si l'on veut absolument parler de Dieu, que puisque Dieu ne connaît rien que par son essence, il connaît tout par une seule et unique « intention connue », qui est le Verbe divin, à partir d'une seule et unique espèce intelligible, qui est l'essence divine elle-même (CG. I, 3, 5). En somme, si l'on tenait à parler le langage des Idées, il faudrait dire ici qu'il n'y en a qu'une, qui est Dieu.

En effet, Dieu suffit, car il est, il est la connaissance qu'il a de soi, et puisque cette connaissance est en même temps celle de tous ses effets actuels ou possibles, il est littéralement vrai de dire que la connaissance de son essence que Dieu a, ou qu'il est, inclut celle de tous les êtres dont il est ou peut être la cause. Dieu est donc, dans son être même la notion intelligible des singuliers : *ipse (est) propria ratio singulorum.* Et puisqu'en ce carrefour des grandes thèses métaphysiques il est impossible d'en saisir une sans que d'autres ne viennent avec elle, ne **179** laissons pas échapper cette occasion de jeter un regard | sur ce que la noétique divine annonce touchant la structure des êtres. Parce qu'elle est, absolument, l'essence divine inclut l'infinité des formes possibles, dont chacune, en tant qu'elle-même est,

est une perfection et n'inclut aucune imperfection, sauf celle de n'être pas l'être véritable : *secundum quod deficit a vero esse* (CG. I, 54, 4). Les essences sont des approximations finies et déficientes de l'acte pur d'*esse*.

S'il n'avait jamais eu d'autres interlocuteurs que les Gentils auxquels s'adresse cette première *Somme*, Saint Thomas s'en serait sans doute tenu là, car il leur parlait ainsi leur propre langue, qui était celle du péripatétisme, en même temps qu'elle était la sienne propre chaque fois qu'il se sentait libre de s'exprimer directement et, en quelque sorte, dans un entretien de soi-même avec soi. Jamais, en aucune autre de ses œuvres, il ne reviendra sur cette doctrine pour en retrancher quoi que ce soit, ni même simplement pour la modifier. La *Somme de théologie*, I, 14, la reprend intégralement et même la développe : Dieu connaît, Dieu se connaît, Dieu se comprend soi-même, Dieu connaît d'une connaissance qui est sa substance même, c'est-à-dire son être : *unde cum ipsa sua essentia sit etiam species intelligibilis, ut dictum est* (I, 3, 4 et 7) *ex necessitate sequitur, quod ipsum ejus intelligere sit ejus essentia et ejus esse* (ST. I, 14, 4).

Une perspective nouvelle paraît néanmoins | s'ouvrir avec **180** la question suivante, *De ideis* (ST. I, 15). Après avoir considéré la science de Dieu, dit Saint Thomas, il reste à prendre en considération les idées. On peut se demander pourquoi. Ayant déjà fondé la connaissance divine du singulier sur ce qui, de toute manière, doit en être l'ultime fondement – *ipsum Esse* – pourquoi ajouter à la doctrine cette sorte d'enclave consacrée aux idées : y a-t-il des Idées ? Y en a-t-il plusieurs, ou une seule ? Y en a-t-il de tout ce que Dieu connaît ?

La réponse est donnée par le *Sed contra* du premier de ces trois articles : oui, il est *nécessaire* de poser des idées dans la

pensée divine, parce que, selon Saint Augustin, leur importance est telle qu'à moins de les comprendre, nul ne saurait
être un sage (*Lib. 83*, *Quæst.*, q. 46). Manifestement, nous
sommes en théologie et l'autorité d'Augustin y est grande.
Bonaventure, entre beaucoup d'autres, situe l'exemplarisme
augustinien au cœur même de la vérité théologique, comme la
condition nécessaire d'une ontologie, d'une épistémologie et
d'une morale chrétiennes. C'est par les Idées que Dieu devient
pour nous *causa subsistendi, ratio intelligendi et ordo vivendi*.
Allons-nous exclure ou ignorer cette doctrine que le grand
nom d'Augustin autorise? Assurément non; il faut lui faire
place en montrant que, nécessaire ou non, elle est légitime.

181   Notons bien qu'il ne s'agit pas ici d'ajouter | un morceau de
plus à une sorte de mosaïque philosophique. L'objet visé par
Saint Thomas est autre. Théologien, il s'impose le devoir de
montrer en quel sens la doctrine augustinienne des Idées peut
être rattachée à la vérité philosophique la plus stricte qui, elle,
ne bouge pas. Thomas prend ici l'augustinisme en remorque.
On le voit bien à l'aspect d'enclave augustino-platonicienne
qu'offre si visiblement cette question XV *De Ideis*. Idée veut
dire forme; les formes sont, soit à l'état de nature dans les
choses, soit, dans l'intellect spéculatif, comme ressemblances
des formes des choses naturelles, soit enfin, dans l'intellect
pratique, comme modèles des choses à faire. Il y a la forme de
la maison, il y a cette forme de la maison connue par l'intellect
de celui qui la voit, et il y a la forme de cette même maison
prévue par l'intellect de l'architecte qui va la construire. Saint
Thomas propose ingénieusement de réserver le nom d'Idée,
plutôt à ce troisième mode d'existence de la forme. Il sait bien
qu'absolument parlant, on ne peut attribuer à Dieu des Idées
sans lui en attribuer de spéculatives aussi bien que de prati-

ques. Le Soleil Intelligible de Platon, de Plotin et d'Augustin, a
des pensées aussi bien que des projets. Saint Thomas sait
encore mieux que sa propre doctrine contient éminemment
la vérité de l'augustinisme et qu'elle peut s'en passer. Dieu
connaît parfaitement sa propre essence (qui est son *esse*); il la
connaît donc de toutes les manières dont | elle est connaissable : **182**
« Or elle peut être connue, non seulement selon ce qu'elle
est en elle-même, mais encore comme participable par des
créatures selon un certain mode de ressemblance. En effet,
chaque créature a son espèce propre selon sa manière propre
de participer à la ressemblance de l'essence divine. Ainsi
donc, en tant que Dieu connaît son essence comme imitable de
cette manière par une créature de cette espèce, il la connaît
(savoir : son essence) comme la notion propre et l'Idée de cette
créature : et ainsi des autres. » (ST. I, 15, 2). En d'autres
termes, on peut appeler Idée divine la connaissance qu'a
l'essence divine de son imitabilité par une essence finie particulière. La doctrine augustinienne des Idées est donc vraie,
mais on le savait d'avance, car, l'intellect de Dieu étant son
essence même, il est évident que son essence et la connaissance qu'il en a ne font qu'un; c'est donc une seule et même
chose, pour Dieu, que d'être et que d'être les Idées de toutes les
créatures finies actuelles ou possibles. Ce n'est pas dire que le
mot Idée n'a pas de sens propre, mais ce sens n'affecte pas
l'essence divine elle-même; Dieu n'a pas d'Idée de Dieu; la
pluralité des Idées, connue par Dieu, n'est une pluralité de
natures que dans les choses : *idea non nominat divinam essentiam inquantum est essentia* (ST. 15, 2, 1ᵐ). Saint Thomas
n'adapte donc pas sa propre pensée à celle de Saint Augustin,
mais il accueille la vérité de celle-ci et lui fait place. | Même en **183**
le faisant, il maintient fermement la sienne et loin de désavouer

la question XIV, la question XV le confirme ; Dieu ressemble à toutes choses de la même manière que l'architecte ressemble à toutes les maisons qu'il construit, sauf en ceci, qu'en Dieu, il n'y a aucune distinction entre être lui-même et être le modèle des créatures possibles : *Deus secundum essentiam suam est similitudo omnium rerum.* Qu'on nomme donc Idée, si l'on veut, cette exemplarité essentielle de Dieu, elle n'en restera pas moins identique à l'essence divine même : *Unde idea in Deo nihil est aliud, quam Dei essentia* (ST. I, 15, 1, 3m).

Arrêtons-nous une fois de plus pour reconnaître ici le théologien dans l'exercice de sa fonction propre. Comme le « sens commun » accueille et juge les données des sens externes, la théologie accueille, compare et juge les données des différentes philosophies. Si le théologien se contente de pratiquer un arbitrage fondé sur la simple compatibilité matérielle de ces philosophies avec la vérité de la foi, il remplit correctement sa fonction, sans plus, mais elle est déjà importante. L'œuvre théologique de Saint Thomas va plus loin. Elle a ceci de particulier, que l'arbitrage du théologien s'y inspire, en même temps que de la règle de foi, d'une vérité philosophique plus profonde que celle dont se réclament les théologies qu'il remplace. Le progrès philosophique et le progrès théologique y sont si étroitement liés qu'en fait, ils coïncident ;

184 | mais c'est dans l'effort du théologien que le progrès s'effectue : l'intelligence de l'être bénéficie de l'intelligence de la foi.

Cet effort pour concevoir la totalité du réel, si l'on peut ainsi parler sans ridicule, d'une manière analogue à celle dont Dieu le connaît, se heurte finalement à l'opacité du mystère philosophique par excellence, le problème *de rerum originatione radicali.* Encore faut-il situer ce mystère exactement où

il est. Car il y en a un, qui consisterait à savoir pourquoi Dieu
a voulu les choses; mais celui-ci relève du secret de l'acte le
plus souverainement libre qu'on puisse imaginer. Avant lui
(philosophiquement parlant) il y a le mystère impliqué dans la
possibilité de ce que désigne le mot « choses », en général. Car
Dieu n'est pas une chose, il n'est pas non plus un ensemble de
choses; il *est*, absolument, comment donc se peut-il qu'il y ait
de l'être, ou *des* êtres, qui ne soient pas identiquement l'être
même, c'est-à-dire, Qui Est?

La métaphysique atteint ici le terme de sa course, et on
le voit bien à ce qu'elle recourt à la métaphore : *similitudo*,
exemplar, *imitatio*, tous ces mots tournent l'esprit vers une
vérité qu'il ne saurait formuler avec exactitude, car enfin, en
quel sens, de quelle manière, ce dont l'être est d'avoir une
essence spécifiquement définie ressemble-t-il à ce dont toute
l'essence est d'être? Plus paradoxalement encore – mais c'est
le langage de Saint Thomas lui-même – en quoi ce dont l'être
| est *esse* pur, est-il la ressemblance exemplaire d'une pluralité **185**
d'étants dont aucun n'est son propre *esse*?

Les approches les plus aisées vers ce problème des
problèmes sont ouvertes par le platonisme, surtout celui de
Plotin. Nulle doctrine, mieux que celle des *Ennéades*, ne met
en évidence le lien des notions d'être et d'intelligibilité. Au
sommet de la hiérarchie des substances-principes, se trouve
l'Un, mais de l'Un absolu on ne saurait rien dire, pas même
qu'il est, car ce serait dire de lui qu'il est l'être, et non plus l'un.
On ne peut même pas dire de l'un qu'il est l'un, car en consi-
dérant deux fois l'un, on le fait être deux. Bref, l'un est
ineffable, on ne peut former à son endroit aucune proposition
qui n'aurait pour effet de le détruire, et ceci est vrai de l'un
lui-même. Sans doute, l'un n'est pas inconscient; bien au

contraire, il est au sommet de l'immatérialité et de la connaissance, mais il ne connaît pas au moyen de propositions et il n'en saurait former, au sujet de lui-même, aucune dont l'effet serait de lui faire *connaître ce qu'il est*. L'un est au-delà du « ce que », et puisqu'il n'y a rien qu'il soit, il est au-delà de l'être. À strictement et proprement parler, l'un *n'est pas*.

L'être apparaît donc au-dessous de l'un. Avec profondeur, Plotin fait commencer l'être avec la connaissance des idées, et en même temps qu'elle, car on ne peut vraiment dire que l'être **186** est qu'au moment où l'on peut en | dire ce qu'il est. C'est pourquoi la deuxième substance-principe, qui vient immédiatement après l'Un, est l'Intelligence (*nous*), qui, précisément parce qu'elle est connaissance, est être. L'Intelligence n'est pas l'Un, mais elle est la connaissance de l'Un, sinon en lui-même, qui transcende la connaissance, du moins sous la forme de toutes ses participations possibles. En tant que connues, ces participations possibles se nomment Idées ; c'est donc bien avec l'Intelligence, lieu des Idées, qu'on atteint véritablement l'ordre de l'être. Se souvenant de cette doctrine qu'il avait trouvée dans le *Liber de causis*, Saint Thomas la détournera subtilement à son profit lorsqu'il prendra plaisir à citer la formule devenue grâce à lui célèbre : *prima rerum creatarum est esse*. La première chose qui vienne après l'Un (qui lui-même est premier), c'est l'être.

Cette inséparabilité de l'être et de l'intelligible tient donc à ce que rien ne commence d'être tant qu'on ne peut savoir et dire que cela est. On entre au même moment dans un ordre où la pensée se sent chez elle ; à l'Un, à l'ineffable et à l'indéfinissable succèdent tout à la fois le multiple, l'exprimable et le définissable. L'entendement s'empare aussitôt de son objet propre, la *ratio* de l'être connu, c'est-à-dire le concept de cet être que l'intellect se forme et que le nom signifie : *Ratio enim quam significat nomen, est conceptio intellectus de re signi-ficata per nomen* | (ST. I, 13, 4). En effet, le multiple suppose la **187** distinction, qui suppose la délimitation, ou « définition », à la fois dans l'être et dans la connaissance ; le concept désigné par le nom signifie donc, pour ainsi dire, une unité ontologique définie entre d'autres qui ne sont pas elle et qu'elle n'est pas.

Une leçon se dégage de cette expérience plotinienne sur la notion de l'Un ; c'est que le multiple ne peut s'obtenir, à partir de l'Un, que sous forme d'idées intelligibles distinctes. À moins d'être conçues comme telles, ces formes intelligibles ne *sont* pas ; elles ne sont donc pas des *êtres* ; bref, l'intelligibilité de ces formes est un intermédiaire nécessaire entre l'unité, qui transcende sur l'être, et l'être qui ne se pose que dans la multiplicité.

L'opération n'est pas représentable. Si on tente de l'imaginer, on pense à une sorte d'éclatement métaphysique de l'Un qui se disperserait en Idées, mais rien de tel ne se produit. L'Un reste un ; indifférent à cette prolifération d'images de lui-même dans laquelle il n'est pas engagé, parce que son unité n'est pas celle d'un nombre composable et décomposable à la manière d'une somme, l'Un reste hors de cette plurification qui ne le concerne pas. Le multiple est fait de fragments d'une unité qui n'est pas celle de leur tout. La vieille métaphore de l'image est encore ici la meilleure, car une infinité de reflets dans un jeu de glaces n'ajoute rien à la substance de l'objet qu'ils représentent. L'objet lui-même, | d'ailleurs, ne se compose pas d'images ; l'objet et son image **188** n'appartiennent pas au même genre, si bien qu'elles s'engendrent de lui sans rien emprunter de son être et qu'elles peuvent s'éteindre sans qu'il en soit modifié.

Pourquoi donc s'engager dans ces embarras inextricables ? Puisque le donné est multiple et que l'être singulier, dont il est fait, nous est intelligiblement concevable, pourquoi lui ajouter cet Un dont le rapport au multiple est si malaisément compréhensible ? Simplement parce que l'antinomie de l'un et du multiple n'est pas une construction de l'esprit ; elle est donnée dans le multiple même, puisque nous ne pouvons le concevoir que comme une certaine sorte d'unité. Ceci vaut à la fois pour l'être dans la pensée et pour l'être dans la réalité. Que l'on prenne en exemple n'importe quel concept : homme par exemple, on le trouvera composé d'éléments distincts unis par la copule du jugement : l'homme est un animal raisonnable. Dans la réalité même, un être ne dure qu'en tant qu'il reste un avec soi-même. Comme se plaisait à le redire Leibniz, c'est une même chose d'être *un* être et d'être un *être*. L'être est donc donné dans l'un ; il n'est possible et concevable que par cet élément générateur du concept qui échappe lui-même au concept.

Saint Thomas a toujours marqué un vif intérêt pour cette dialectique platonicienne de l'un et du multiple parce qu'elle **189** préfigurait à ses yeux celle de l'être et de l'essence. | Dans une philosophie chrétienne née d'une méditation rationnelle de la parole de Dieu, la première substance-principe n'est pas l'Un, mais l'Être. Comme l'Un, l'Être échappe à la définition. C'est un lieu commun, que la notion d'être n'est pas définissable précisément parce que, étant première, elle inclut nécessairement tous les termes dont on pourrait user pour la définir. Pourtant, hors de l'être, il n'y a que le néant. L'entendement fait donc constamment usage, à titre de premier principe, d'une notion dont il a l'intellection, mais qui élude les prises de la raison raisonnante. On ne peut rien dire de l'être, même fini, sinon qu'il est l'acte en vertu duquel l'étant est, ou existe. Tout se passe comme si l'*esse* créé participait au caractère mystérieux de la cause créatrice, et en effet, concevoir l'*esse* fini en soi et à l'état pur serait une entreprise contradictoire ; ce serait tenter de concevoir Dieu.

Toutes les difficultés soulevées par la conception d'essence et d'existence dans le fini ont ici leur origine. Ceux qui les soulèvent n'ont pas tort, car elles sont réelles ; on accuserait plutôt d'indiscrétion, ou de maladresse, les défenseurs de la doctrine qui veulent prouver à leurs adversaires que ces difficultés n'existent que dans leur imagination. L'objet de la méditation métaphysique n'est pas d'évacuer le mystère de l'être, mais plutôt d'en reconnaître l'emplacement et d'en tenter une première approche. Il faut donc | avant tout com **190** prendre la notion d'être fini comme incomplètement compréhensible, et non seulement pour nous, mais en elle-même, car Dieu lui-même ne pourrait pas créer à part un acte d'être à la fois fini et subsistant par soi. L'être pur et unique, c'est Dieu. L'être fini ne peut subsister que fini par quelque chose qui ne soit pas du pur être. Il est donc nécessaire que l'être fini soit composé en tant précisément qu'être fini et cette composition est nécessairement d'*esse* et d'un élément autre que l'*esse*. Ceux qui s'élèvent contre cette composition ont tort de s'en prendre à la doctrine, c'est l'être lui-même qui en est responsable, car il est ainsi fait, mais ceux qui s'étonnent qu'on y trouve difficulté ne sont pas non plus très raisonnables, car s'il n'y a rien en dehors de l'être que le néant, avec quoi l'*esse* pourrait-il composer, sinon avec l'être ? Mais une composition d'être et d'être ne semble pas une notion claire, car on peut aisément comprendre que des êtres s'additionnent pour former un être d'autre espèce que ses composants, mais il est incom-

préhensible que de l'être doive s'ajouter à de l'être afin que
l'être lui-même soit possible. L'être n'accompagne pas seulement toutes nos représentations, il les précède et les condi-
tionne ; entrant dans la composition de toutes, lui-même ne
saurait être composé.

Les objections des suaréziens contre la métaphysique
thomiste de l'être fini sont invincibles sur le plan de la raison et
191 de l'être | quidditatif où elles sont formulées. Le tort de
beaucoup de leurs adversaires thomistes est d'accepter la
notion suarézienne de la connaissance métaphysique et de
vouloir ensuite refuser la notion suarézienne de l'être. Si l'on
admet, avec Suarez, que l'essence est l'être même, comment
pourrait-on la composer avec quoi que ce soit pour en faire de
l'être ? Ce serait en faire ce qu'elle est déjà. Mais il ne s'agit
pas de « réfuter » le suarézianisme ; il n'y a même pas lieu de
l'éliminer, à supposer qu'on le puisse, ce qui est douteux. La
métaphysique des essences et des concepts quidditatifs, loin
d'être incompréhensible, serait plutôt la métaphysique naturelle de l'entendement humain épris de cette *ratio intellecta*
qu'il forme avec aisance et dont il se repaît avec avidité :
conceptio intellectus de re significata per nomen. Il est bon
que l'entendement dispose d'une métaphysique de l'essence à
quoi convienne adéquatement le titre d'ontologie ; il est encore
meilleur d'avoir une métaphysique de l'être qui, s'enfonçant
courageusement dans l'épaisseur du mystère, en voie du
moins assez pour reconnaître qu'il existe. Seulement, il ne faut
pas que celui qui s'y engage en attende les satisfactions que
donne seul l'exercice de la raison raisonnante opérant sur des
notions claires et distinctes ; encore moins serait-il excusable
de les promettre aux autres, car de l'être comme de Dieu on
peut dire qu'une certaine manière de l'ignorer est la meilleure

manière de le connaître | et, en effet, qu'est-ce qu'un *être*, 192
sinon l'image de Celui Qui Est ?

Le métaphysicien se trouve donc ici dans une situation analogue à celle du platonicien, mais au lieu de chercher comment l'Un peut engendrer le multiple sans se diviser lui-même, il lui faut essayer de comprendre comment l'Être peut causer les étants sans compromettre sa propre simplicité, et de même que l'Un de Plotin engendrait ces reflets de lui-même que sont les Idées, de même aussi l'Être fait émaner de lui ces participations créées que sont les essences. Dans les deux métaphysiques la transcendance du Premier Principe reste intacte et assurée : le multiple *n'est pas* l'Un, aucune essence n'est Celui Qui Est. Il faut donc que l'essence soit une sorte de menue monnaie de l'Être comme le multiple est celle de l'Un, mais puisqu'il s'agit dans les deux cas de réalités d'ordres différents, on ne reconstituerait jamais l'Un en joignant ensemble l'infinité des Idées, non plus qu'on ne reconstituerait l'Être en rassemblant comme en un faisceau l'infinité des essences. On ne refait pas de l'un avec du multiple ni de l'être avec des essences, ce qui invite à concevoir l'essence comme un sous-produit de l'Être ; elle est la condition de la possibilité d'êtres qui ne soient pas l'acte pur d'exister.

Saint Thomas lui-même n'est pas mieux placé que nous pour formuler ce rapport de l'essence à l'être au sein de l'étant. En un | sens, il s'agit là d'un rapport d'être à être, car si 193 l'essence n'était pas elle-même de l'être, elle ne serait rien ; mais, en un autre sens, l'*essentia* n'est pas de l'être au sens précis où l'est l'*esse*, sans quoi, étant infinie comme lui, elle serait Dieu. Il faut donc admettre que l'essence est bien de l'*esse*, mais déterminé, délimité ou, plutôt, il faut admettre que l'essence est la détermination, la délimitation, la restriction et contraction de l'*esse*. C'est ce que Saint Thomas donne à entendre lorsqu'il dit que l'essence est un mode d'être. L'expression signifie pour nous une « manière d'être », ce qui est en effet son sens, mais les diverses « manières » d'être sont d'abord, si l'on peut dire, des « mesures » d'être. Nous sommes assurément ici dans l'ordre de la métaphore, car on ne saurait littéralement comprendre les différences qualitatives des essences comme des différences quantitatives d'être, mais il semble bien que ce soit la meilleure formule imaginée par Saint Thomas lui-même, et elle lui plaisait d'autant plus que le Philosophe l'avait suggérée en disant que les essences sont comme les nombres. Ajoutez une unité à un nombre, ou ôtez l'en, vous obtenez des nombres d'espèces distinctes et doués de propriétés aussi différentes que celles du pair ou de l'impair. De même, dans l'ordre des étants, augmentez ou diminuez la participation d'un étant à l'être, vous le changez d'espèce : ajoutez la vie au minéral, vous obtenez un végétal ; **194** ajoutez la | sensibilité à la vie, vous avez l'animal, et si la raison est conférée à l'animal, on voit paraître l'homme. Les essences ainsi entendues se distinguent donc entre elles comme les mesures de la quantité d'être qui constitue et définit chaque espèce.

On ne sera pas surpris, après cela, des difficultés auxquelles se heurtent ceux qui veulent se représenter par quelque image le rapport de l'être à l'essence au sein de l'étant. L'être y est l'effet propre de Dieu, la participation (par mode d'effet) à l'*Esse* pur qu'est sa cause ; c'est donc bien à l'être (*esse*) que revient la fonction d'acte premier et suprême dans la structure métaphysique complexe de l'étant. En effet, c'est par l'*esse* que tout le reste est quelque chose de réel et peut contribuer à la constitution de l'*ens*. Il est vrai que l'étant est ce qui a l'être, mais, dans l'étant, le « ce qui » n'a de réalité que par l'être même qu'il a. Rien ne peut donc se comparer en importance au rôle de l'être dans l'étant, puisque, sans lui, il n'y a rien.

Une objection souvent et dès longtemps faite est que, l'être vivant est plus parfait que l'être qui n'est qu'être, et l'être sentant plus parfait que le simple vivant, et l'être doué de raison plus parfait que celui qui n'a de connaissance que sensible d'où l'on conclut que loin d'être ce qu'il y a de plus parfait dans l'étant, l'être y est comme en puissance à l'égard de toutes les formes essentielles qui le déterminent. Aucune objection ne met mieux | en évidence l'illusion fondamentale **195** qui obscurcit tout le problème, car il est bien certain que l'être le moins déterminé, c'est-à-dire le plus proche de la matière première, est moins parfait que les êtres dont les essences s'étagent au-dessus de lui selon la hiérarchie de leurs formes. C'est même ce qui vient d'être dit : les essences se distinguent comme les quantités d'être qui les constituent. Un être raisonnable est donc plus qu'un être seulement vivant, et ainsi de suite, mais cette hiérarchie tout entière présuppose l'être des termes qui la constituent. Pour que la comparaison de ses divers degrés soit possible, il faut que l'être en fasse d'abord autant de réalités. On ne doit donc pas se demander si l'être inerte est plus ou moins parfait que l'être vivant, et ainsi de suite, mais bien si l'être de quoi que ce soit est plus ou moins parfait que son néant. À la question posée en ces termes, la réponse s'impose : dans l'étant, ce qu'il y a de plus parfait est l'être, à quoi rien d'autre ne peut se comparer puisque, hors de lui, il n'y a rien.

L'illusion que nous devons nous dénoncer sans cesse à nous-mêmes consiste donc à croire qu'on peut mettre la perfection de quoi que ce soit, et de l'essence même, en concur-

rence avec celle de l'être, qui est la perfection hors série, grâce
à laquelle les autres, accédant à la réalité, lui doivent de
pouvoir lui être comparées. L'esprit hésite ici entre deux juge-
196 ments, car, d'une part, l'essence est | nécessairement requise
pour que l'existence d'un être fini soit possible, mais, d'autre
part, l'acte d'être est nécessairement requis pour que l'essence,
de soi simplement possible, accède à la réalité actuelle qui la
pose hors du néant. Il y a donc causalité réciproque, mais à
l'intérieur de l'être et qui ne s'y exerce pas au même niveau de
perfection, car l'*actus essendi* cause l'être même de la chose,
l'essence, ou forme, ne constituant pour sa part que la modalité
sous laquelle l'acte fini d'être peut s'exercer.

Cette vérité est exprimée par Saint Thomas lorsqu'il dit
que l'être est, dans le fini, l'acte des actes et la perfection des
perfections, car sa modalité, qui est l'essence, n'existe que par
lui. La même vérité est exprimée par Bañes dans le passage de
son commentaire où, fabriquant pour la circonstance le verbe
« imparfaire », opposé à parfaire, il dit que l'acte d'être est
« imparfait » par l'essence (*imperficitur*), expression qui se
comprend puisque, s'il est donné actuellement hors de la
pensée, l'acte d'être *moins l'essence surajoutée* est exactement l'acte d'être infini, qui est Dieu. Le primat de l'acte
d'être dans le fini suit immédiatement de la transcendance
absolue de l'être pur dans une doctrine où Dieu se nomme
Qui Est.

D'importantes conséquences suivent de là pour l'interprétation générale d'une métaphysique fondée sur cette notion de
197 l'être. Il est évident qu'on ne peut la considérer comme | une
philosophie de l'essence, car c'est l'acte d'être, l'*esse*, qui y
joue le rôle d'acte premier et de perfection première, l'essence
elle-même n'y étant qu'en puissance à son égard. Il est non

moins évident qu'on ne peut la considérer comme une philosophie de l'existence animée d'un esprit analogue à celui des
existentialismes contemporains, où l'existence s'oppose à
l'essence comme à son contraire. Il n'y a rien de ce qu'affirment les métaphysiques de l'essence, qui ne reste vrai dans la
philosophie dont on vient de définir le principe, sauf l'illusion
qui leur fait poser l'essence comme l'acte des actes et la
perfection des perfections, ce qui revient à lui attribuer la place
et le rôle réservés à l'*esse*.

Comment pourrait-on déprécier ou mépriser l'essence ?
Sans doute, elle est de peu de prix si on la compare à Dieu. En
lui, l'essence n'est que l'Idée, connaissance d'un mode de
participation possible de l'acte pur d'être par un étant qui,
n'étant pas Dieu, lui est infiniment inférieur. Mais le contraire
est vrai de l'essence comparée au néant, car il n'y a pas
d'autres possibilités, hormis être Dieu lui-même, qu'être un
étant ou ne pas être. Or, si la distance de l'étant à l'être est
infinie, celle du néant à l'étant l'est aussi à sa manière, puisque
l'acte créateur, qui est la forme propre de la causalité divine,
est seul capable de la franchir.

On ne célébrera donc jamais assez la gloire des essences,
miroirs où se reflète en une | infinité de modes divers la perfec- **198**
tion simple d'un Acte pur d'être qui les transcende. Leur intelligibilité, leur ordre, leur bonté et leur beauté sont ceux de tout
univers créé, actuel ou possible. Le propre de l'essence, mode
fini de participation à l'être, est de rendre possible l'existence
d'une *natura rerum* qui ne soit ni le néant ni Dieu. C'est
pourquoi nous la présentions comme la condition ontologique
de la possibilité même d'une réalité non-divine. Conquis sur
le néant par la libre volonté du créateur, un tel univers se
compose d'étants, qui ne sont ni essences sans existence, ni

existences sans essences, mais, plutôt, actes d'être mesurés par les essences auxquelles eux-mêmes confèrent l'existence. C'est un univers de grande beauté, sacré dans son être même qu'habite intimement l'efficace de la toute puissance divine, nourriture inépuisable d'une réflexion philosophique et théologique que sa nature propre apparente à celle de la spiritualité.

Faut-il désigner d'un nom ce genre de métaphysique? Mais ce n'est pas un genre de métaphysique, c'est la métaphysique même à la pointe extrême de pénétration dans la nature de l'être. De toute manière, on ne pourrait la nommer ni un essentialisme (de l'essence sans l'être), ni un existentialisme (de l'être sans l'essence); pour lui trouver un nom, il faudrait l'appeler un « ontisme », ce qui n'avancerait pas à **199** grand chose, puisque le sens du nom serait simplement : | philosophie de l'être. En effet, tout est, soit l'être de Qui Est, soit le mode d'être d'un étant mesuré par son essence et créé par l'efficace divine : *nihil præter ipsum est nisi ab ipso* (CG. II, 15, 1).

L'ÊTRE, L'ACTE ET LA FIN

Quod non habet esse actu, appetit esse actu.
Qu. de veritate, 22, 1, 4[m]

L'évolution des doctrines métaphysiques a pour effet de changer le sens des mots. *Existence* évoque aujourd'hui à l'esprit des connotations différentes de celles qu'avait jadis le mot *existentia*, surtout dans une doctrine comme celle de Bañes, par exemple, où le sens du mot ne se distinguait en rien de celui du verbe, ou du substantif verbal, *esse*. Il est donc nécessaire à l'intelligence de la doctrine que la réflexion s'attache à retrouver le sens exact du langage qui l'exprime. Qu'est au juste cet être créé, fini, concret, que l'on nomme un étant (*ens*)? Quel rôle y revient à son acte d'être (*esse*)? Enfin quel rapport y a-t-il entre cet acte et les opérations qui manifestent son dynamisme premier? Telles sont les notions principales sur | lesquelles la réflexion philosophique doit à **202** présent s'exercer.

L'être fini est l'effet propre de l'acte créateur, mais on a vu que l'être fini ne saurait être créé à part; il ne peut être que concréé, avec et dans l'essence, dont il est l'acte, mais dont il reçoit sa mesure, c'est-à-dire, avec un *ens*, un étant. Le nom technique de l'étant est « substance ». Ainsi, créer des *êtres* ou créer des *substances*, c'est tout un, car ce qui n'est pas directement substance ne peut exister que par ou dans des substances. Le reste est donc concréé avec et dans la substance, seul genre d'être fini qui mérite vraiment le nom d'être, parce qu'il est seul capable d'exister.

C'est de là qu'on a tiré la définition ordinairement reçue de la substance *ens per se*, un être par soi, c'est-à-dire existant ou capable d'exister par soi seul, par opposition à l'*ens per aliud*, ou accident, incapable d'exister à part et autrement que dans une substance. C'est d'ailleurs pourquoi l'on dit communément que la substance possède l'*esse*, c'est-à-dire un être propre, mais que l'être de l'accident se réduit pour lui à « être dans » la substance. C'est de et par l'être de la substance que l'accident existe ; il n'a pas d'être à lui, distinct de l'être de la substance : *accidentis esse est inesse*.

Prise en elle-même, cette notion de la substance est correcte, mais la forme sous laquelle elle s'exprime d'ordinaire ne l'est pas. Il y a un *ens per se*, et il n'y en a qu'un 203 | seul, | qui est Dieu. D'autres raisons déconseillent l'emploi de cette définition. Dans la formule *ens per se*, l'étant (*ens*) joue le rôle du genre et *per se* celui de la différence ; mais l'être n'est pas un genre, puisque tous les genres et toutes les différences sont inclus dans l'être ; on ne saurait donc concevoir la substance comme l'espèce de ce qui est *per se* dans le genre *ens*. Si l'on veut absolument définir la substance, bien qu'elle soit le genre généralissime, il faudra plutôt dire qu'elle est « ce à la quiddité de quoi il est dû de ne pas être en quelque chose » :

substantia est res cujus quidditati debetur esse non in aliquo
(QDV. VII, 3, 4ᵐ).

Cette manière de définir la substance découle naturellement de la notion de l'être fini mise en honneur par Avicenne
et approfondie par Thomas d'Aquin. En effet, il s'agit ici de
définir une certaine manière d'exister : celle qui convient à la
substance. C'est donc l'essence, le *modus essendi*, qui est ici
en jeu. Si l'essence en question est telle qu'elle soit capable de
porter à elle seule un acte d'exister, l'étant correspondant est
une substance ; au contraire, si l'essence en question n'est pas
capable de porter à elle seule un acte d'exister, l'étant correspondant est un accident. L'essence de la pierre est celle d'une
substance possible ; l'essence de la couleur, ou de toute autre
qualité sensible, ne saurait exercer un acte d'être distinct qui
lui soit propre, ce n'est donc que l'essence d'un accident. | Saint 204
Thomas n'a cessé de mettre en avant cette définition plus
exacte de la substance, et c'est celle qu'il importe d'assimiler.
La définition de la substance *non est ens per se* ; il faut plutôt
en dire *quod habeat quidditatem cui conveniat esse non in
alio* (CG. I, 25, 10). C'est d'ailleurs pourquoi Dieu n'est pas
proprement une substance, puisqu'il n'a pas d'essence autre
que son *esse*. Il ne peut y avoir de substances que finies et
composées d'essence et d'être : le mot *substantia*, est-il
précisé, signifie *essentiam cui competit sic esse, id est per se
esse, quod tamen esse non est ipsa ejus essentia* (ST. I, 3, 5, 1ᵐ.
Cf. III, 77, 1, 2ᵐ). Bref, une substance n'est pas l'être, elle est
toujours un étant.

Il faut ajouter à cela qu'une substance est un étant en vertu
de l'*esse* qui fait d'elle un être. En ce sens, l'*esse* créé est
vraiment cause de l'étant, mais il ne faut pas se l'imaginer

comme une cause efficiente dont l'opération serait de produire
l'existence actuelle du fini. Pour causer de cette manière, il
faut d'abord être soi-même un *ens* et exercer une opération.
Tel n'est pas le cas de l'*esse* fini. On doit plutôt le concevoir
comme un principe constitutif formel de l'étant ; exactement,
comme ce par quoi l'essence est un étant. Il faut donc briser le
cadre de l'aristotélisme où la forme essentielle est l'élément
formel suprême, car il y a ici quelque chose de plus formel
encore que l'essence, et c'est précisément l'*esse*, principe
205 constitutif de l'étant, | qui compose avec l'essence pour consti-
tuer une substance. L'être est ce qu'il y a de plus formel dans le
fini, mais sa formalité n'est pas du même ordre que celle de
l'essence, dont elle est l'acte.

Enfin, puisque cette actualité de l'être est celle d'un
principe substantiel, il ne faut pas le concevoir comme une
activité qui se déploierait en manifestant son efficace dans la
suite des moments du temps. Effet de Dieu, et, à ce titre, participation de l'acte pur d'être, l'*esse* fini subsiste au cœur de
l'étant comme un acte immobile et en repos : *aliquid fixum et
quietum in ente*. La vraie notion de l'être actuel n'en fait pas un
devenir et l'on ne doit pas refuser de la réduire à l'essence pour
le confondre avec une sorte de durée substantifiée dont il serait
le flux même. La réflexion métaphysique se trouve ici exposée
à commettre une double erreur, l'une qui consiste à réduire
l'étant à l'essence réalisée, l'autre qui, pour éviter ce péril,
dissout l'essence en un flux sans cesse changeant ou, plutôt,
qui est le changement même. L'être bien entendu n'est ni un
bloc ontologique inerte ni un devenir ; son repos est celui d'un
acte analogue à celui du pur acte d'Être qui, sans avoir à
changer pour devenir ce qu'il est (puisqu'il est être) n'en est

pas moins source d'un devenir au cours duquel il manifeste sa fécondité sans s'y engager lui-même. L'être n'est pas mouvement, mais il est cause de mouvement, et c'est pourquoi l'on ne saurait en donner | une description complète sans y joindre **206** celle de ses opérations.

Celles-ci, à vrai dire, appartiennent moins à l'être qu'à l'étant. En effet, ayant actualisé l'essence, l'être a fait tout ce qu'il avait à faire, mais il ne suffit pas que l'essence soit celle d'un étant pour qu'elle soit complètement réalisée. Au contraire, c'est par son essence que l'étant est un centre actif d'une multiplicité d'opérations diverses dont la fin propre est de l'accomplir selon sa nature propre, de l'amener à parfaire ses virtualités, bref, de le faire devenir ce qu'il est.

Ces propositions ne sont pas intelligibles à leur propre niveau. Pour les comprendre, il faut une fois de plus remonter aux notions métaphysiques premières dont elles découlent. La première de toutes est la notion d'être, et non pas, comme on a tendance à le croire, la notion d'acte. L'acte se comprend par l'être et non inversement. Il est vrai que l'acte et la puissance divisent tout l'être, mais c'est justement parce que l'acte présuppose l'être, n'étant lui-même que l'être en acte ou l'être en puissance. L'acte et la puissance sont des modes substantiels (QDP. III, 8, 12^m), c'est-à-dire des manières d'être, ou des modalités de l'être. S'engager dans la métaphysique en partant des notions d'acte et de puissance, c'est prendre une mauvaise route et les conséquences de cette erreur initiale sont fatales. Partons au contraire de l'être, notion | première à laquelle il **207** faut rapporter tout le reste.

Être et être acte, c'est une seule et même chose. On le voit bien au cas unique de Dieu qui, étant l'être dans son absolue

pureté – *ipsum purum esse* – est du même coup l'acte pur. Chez
Qui Est, il n'y a place pour aucun « pouvoir être », puisque tout
ce qu'il est possible d'être, il l'est. C'est d'ailleurs pourquoi on
ne définit pas Dieu en disant qu'il est acte pur (QDP. III, 3, 5ᵐ),
car cette prétendue définition dit simplement que Dieu est
l'être pur et, on s'en souvient, dans le cas de Dieu le sens du
verbe *est* nous échappe. Bref, s'il n'y avait d'être que l'être
divin, il n'y aurait pas lieu de prononcer le mot « acte », le mot
« être » suffirait.

Le sens précis du mot acte se laisse plus aisément discerner
dans le cas de l'être fini, car celui-ci n'*est* pas l'être, il l'*a*.
L'être fini est *de l'être* ; une question de plus ou de moins se
pose donc à son endroit, d'abord si l'on mesure cet être par
rapport à l'Être pur, qu'il peut imiter de manière plus ou moins
parfaite, ensuite si l'on compare ce que cet être est à ce qu'il
est capable d'être, comme on compare au plan qu'il réalise ce
qu'un travail en a déjà réalisé. Un homme, animal raisonnable,
est plus qu'une plante ; entre les hommes, un esprit cultivé est
plus qu'un esprit inculte, et ainsi des autres êtres finis. Dans la
mesure où l'un de ces êtres est, on dit qu'il est en acte ; on le dit
au contraire en | puissance dans la mesure où une certaine
distance le sépare de ce qu'il pourrait être et qu'il n'est pas. En
pareil cas, il existe un degré de perfection de l'être, et cette
perfection en mesure précisément l'acte. Au contraire le
manque d'acte de l'être en constitue et en mesure la puissance
et l'imperfection. Notons que la puissance ne s'oppose pas à
l'être ; au contraire, elle est de l'être-en-puissance. Simplement, elle est un mode d'être déficient et inégal au degré
d'actualité dont cet être est naturellement capable. Exerçons-
nous à ne plus concevoir l'acte et la puissance comme deux

208

énergies de sens opposé, car si la puissance n'était aucunement de l'être, elle ne serait absolument rien. Il n'y a donc que de l'être, dont le degré d'actualité (c'est-à-dire d'être) est le degré de perfection.

Ceci dit, on comprend aisément que l'être fini soit naturellement actif et cause d'opérations. Le fait même que sa perfection et son actualité soient limitées le rend perfectible. Il n'est pas perfectible indéfiniment et de toutes manières, mais il l'est de la manière et dans les limites définies par son essence. Ce qu'il n'est pas, mais qu'il n'est pas incapable de devenir si quelque cause lui confère cette actualité supplémentaire, c'est encore pour lui de l'être, de l'acte et de la perfection. C'est donc du bien, puisque tout être est bon en tant qu'il est, et c'est tout particulièrement son propre bien, puisque c'est un accroissement possible de l'être qu'il est. C'est | pourquoi tout être **209** aime l'être comme un bien, et il l'aime sous toutes les formes. D'abord, il aime le sien, s'efforçant de le préserver, de le faire durer et de le défendre contre les périls de mort qui le menacent. Outre l'être qu'il est, chaque être fini aime encore ce qui, dans les autres êtres, est complémentaire du sien et assimilable pour lui. Enfin, chaque être aime les êtres qu'il peut engendrer ou produire, car ceux-ci, portant la ressemblance de leur cause, en sont comme le prolongement et la multiplication dans des matières et sous des formes nouvelles. Le père, l'ouvrier, l'artiste, l'homme d'action sous toutes ses formes se complaisent naturellement dans leurs œuvres, dans les matières mêmes requises pour les produire, bref : dans tout ce qui peut en favoriser la naissance. L'amour de l'acte sous toutes ses formes accessibles n'est autre que l'amour de l'être et de sa perfection.

Les notions premières de la métaphysique semblent ici se télescoper et rentrer les unes dans les autres. L'être est l'actualité de toute chose : *esse est actualitas omnis rei*; toute chose est parfaite en tant qu'elle est en acte : *intantum est perfectum unumquodque, inquantum est actu*; il est donc manifeste que chaque chose est bonne en tant qu'elle est : *intantum est aliquid bonum inquantum est ens* (ST. I, 5, 1), enfin, puisque nous avons dit que la substance seule est capable d'exercer un acte d'être, c'est à titre de substance que toute chose est pro-210 prement un être en | acte, et non point seulement en puissance ou par accident (*ibid.*, 1ᵐ). À partir de cette notion de l'être substantiel, on peut avec la même facilité retrouver celles qui commandent l'ordre de l'agir, du faire et, généralement parlant, de l'opérer : tout ce qui est, est bon, en tant qu'il est être : *omne quod est, inquantum est esse, necesse est esse bonum*; le bien étant l'être en tant que désirable, toute chose aime son être, désire le conserver ou le parfaire et procède aux opérations nécessaires à ces fins, si bien que l'action est comme une manifestation de l'être, qui lui-même est acte : *omne agens agit inquantum est actu; in quantum vero est actu, unumquodque perfectum est* (CG. II, 41, 6). Dire que tout agit en tant qu'il est, ou qu'il est acte, ou qu'il est parfait (c'est-à-dire, que rien ne lui manque selon la mesure de son être) ou qu'il est bon, c'est dire la même chose. L'opération part donc de l'être comme cause formelle et efficiente, tendant vers le bien qui n'est qu'un autre nom de l'être comme cause finale. Ainsi l'univers des êtres finis ne cesse d'agir et d'opérer pour acquérir l'être et le bien qui lui manquent, car encore que chacun d'eux soit bon en tant qu'il est, ce n'est pas la même chose pour lui que d'être et d'être le bien (CG. III, 21, 4).

L'extraordinaire univers, si naturellement naturel, à la fois et si surnaturellement chrétien! Solide, stable, créé dans le temps mais pour l'éternité, ce monde où chaque nature | est **211** douée de son être et de son efficace propres n'en opère pas moins qu'en vertu de l'efficace divine, dont son être est d'être l'effet, et en vue de Dieu qui, comme il en est la cause, en est la fin.

Avant de s'engager plus avant dans la considération de cet univers, il est opportun de prendre claire conscience de ce que l'on va faire. Il ne s'agit pas ici des sciences de la nature, de leur objet, de leurs méthodes ni de leurs fins propres. Excellente en soi et douée d'autonomie en son ordre, la science n'attend de la métaphysique aucune directive proprement scientifique. C'est elle-même, prise tout entière avec son objet, qui va se trouver mise en cause et interprétée dans son être même. Il ne faut pas espérer d'explication scientifique de la possibilité de la science; la métaphysique seule, dont l'objet est l'être en tant qu'être, peut offrir une réponse à cette question.

Tout être agit en vue de produire et d'acquérir un bien qui lui manque, c'est-à-dire de s'accroître et de se parfaire soi-même à la fois comme être et comme bien. Mais Dieu est l'être et le bien absolus; la fin de toute opération causale est donc, pour l'être qui l'exerce, de se rendre soi-même plus semblable à Dieu. Nous disons: plus semblable parce que, si peu qu'il soit, un être est image de Dieu dans la mesure même où il est; en augmentant son être par l'acquisition d'une perfection plus haute (c'est-à-dire en actualisant | une partie de sa potentialité) **212** la substance accroît pourtant sa ressemblance à Dieu. Qu'elle le sache ou non, qu'elle le veuille ou non, c'est ce qu'elle fait, car bien que chaque être poursuive comme sa fin particulière, dans chacune de ses opérations, l'acquisition de quelque bien particulier, il poursuit en même temps et du même coup cette fin ultérieure et universelle qui est de se rendre plus semblable à Dieu.

Cette finalité commune à l'univers physique lui confère un sens et une destination qui sont de l'ordre du sacré. Mais prenons garde à ces choses faciles à dire et dont pourtant le sens est secret. La finalité religieuse de la nature ne lui est pas surajoutée comme une qualification extrinsèque, c'est la nature même, en tant que telle et prise dans son dynamisme propre-ment physique, dont il faut dire qu'elle est une incessante multiplication de la ressemblance de l'Être et du Bien absolus. Voilà donc l'intention de toutes choses : *omnia intendunt assi-milari Deo*. Elles tendent vers cette fin du mouvement même dont elles s'efforcent de conserver leur être, qui est une image de l'acte pur d'être dont elles participent dans la mesure où elles sont : *secundum hoc esse habent omnia quod Deo assimi-lantur, qui est ipsum esse subsistens, cum omnia sint solum quasi esse participantia : omnia igitur appetunt, quasi ultimum finem, Deo assimilari* (CG. III, 19, 3). C'est pour atteindre 213 cette fin que, n'étant pas elles-mêmes leur | propre fin, les substances finies agissent, causent et opèrent. En effet, allant au bout des possibilités du langage, Saint Thomas qualifie l'être divin de substance même du Dieu existant : *quia divinum esse est ipsius Dei existentis substantia* (CG. III, 20, 3). Or ceci n'est vrai de rien d'autre que Dieu. Puisque aucune substance créée n'est son propre être, aucune n'est son propre bien ; il lui faut donc acquérir ce qu'elle n'est pas, et elle ne peut le faire que par une multiplicité d'opérations destinées à compléter l'être et le bien qu'elle est en leur ajoutant ce qui leur manque.

Ainsi, la substance créée tend à imiter Dieu, non seulement en tant qu'elle est, mais encore en tant qu'elle opère en vue d'accroître sa propre perfection : *non solum secundum esse substantiale, sed etiam... secundum propriam operationem, quæ etiam pertinet ad perfectionem rei* (CG. III, 20, 6).

Ceci revient à dire que la causalité physique elle-même est une imitation de l'actualité divine. Causer, c'est tendre à s'assimiler à Dieu : *res intendunt assimilari Deo in hoc quod sunt causæ* (CG. III, 21). En effet, on vient de voir que l'être créé tend vers la ressemblance divine du fait seul qu'il opère, et comme il ne peut opérer sans causer, il tend à ressembler à Dieu par là même qu'il est cause de ses actes, mais plus encore en ce qu'il est, cause d'autres êtres. La doctrine découvre ici l'ensemble de son économie : un Dieu qui est le pur acte d'être ; à qui, comme | tel, il convient éminemment de **214** causer des êtres, et des êtres à qui, comme effets d'un tel Dieu, il convient éminemment de causer à leur tour d'autres êtres. Le Dieu chrétien n'est pas un créateur qui crée des créateurs, mais il est un créateur qui crée des causes efficientes.

Toutes les difficultés accumulées par les philosophies modernes, et même déjà par certaines philosophies et théologies médiévales, autour de la notion de cause efficiente, ont ici leur origine. Depuis Saint Augustin et Saint Bonaventure jusqu'à Malebranche et sa nombreuse école, on observe chez beaucoup de maîtres chrétiens une certaine méfiance à l'égard de cette notion. Il n'y a pas de conception de l'efficience qui n'y voie, en un certain sens, une causalité de l'être. Or, causer l'être de l'effet, n'est-ce pas dangereusement semblable à ce que ce serait que de le créer ? De là les palliatifs imaginés par certains philosophes et théologiens pour éviter d'attribuer à la créature le mode de causalité propre au Créateur. Les «raisons séminales» d'Augustin et de Bonaventure, les «causes occasionnelles» de Malebranche, autant de doctrines destinées à sauver les apparences d'une causalité efficiente démunie d'efficience proprement dite. Mais Hume ne s'y est pas trompé et le scepticisme qu'on lui reproche, d'ailleurs à bon droit, témoignait chez lui d'un certain sens du mystère qui fait parfois défaut à ses adversaires. Car ils ont raison de maintenir 215 contre lui | la réalité et la certitude de la relation de cause efficiente à effet causé, mais ils se trompent s'ils espèrent la réduire à une relation purement analytique de principe à conséquence. Dans un univers où le prototype de l'efficace causale est un acte créateur, la notion de cause efficiente reste enveloppée d'une zone de mystère, car elle-même n'est pas un mystère, mais elle est l'analogue de l'acte mystérieux entre tous par lequel Qui Est a librement causé des êtres. La notion philosophique de cause efficiente, conçue comme le pouvoir de produire un étant, appartient de plein droit à la philosophie chrétienne, exactement au même titre que la notion d'acte d'être, et pour la même raison, car tel est l'être, telle est la cause. Mais l'histoire est aujourd'hui connue: la théologie produit de la métaphysique, puis la métaphysique se flatte de se passer de la théologie dont elle dérive; elle s'aperçoit bientôt qu'elle ne se comprend plus elle-même, et c'est alors que la philosophie entre en guerre contre la métaphysique au nom d'un positivisme ou d'un criticisme quelconques. Le plus curieux est l'attitude qu'adoptent alors certains champions de la métaphysique. Pour mieux en assurer la survie, ils se posent en défenseurs de son autonomie absolue; particulièrement soucieux de la protéger contre les incursions de la théologie, ils

ressemblent à des hommes qui voudraient prévenir l'assèche-
ment d'une rivière en la coupant de sa source. C'est le contraire
| qu'il faut faire. On ne comprendra jamais bien les problèmes 216
philosophiques impliqués dans la notion métaphysique de
cause efficiente sans la rapporter au modèle théologique dont
elle s'inspire : la notion de création.

Rien n'est plus manifeste dans la doctrine de Saint Thomas
d'Aquin, où, pour un être, être cause est du même coup se
rendre semblable à Dieu. Le caractère sacré de la cause y est
donc aussi clair que celui de l'être. « C'est par bonté que Dieu
octroie l'être aux autres, car chaque chose agit en tant qu'elle
est parfaite en acte. Les choses désirent donc généralement se
rendre semblables à Dieu en devenant les causes d'autres
choses » (CG. III, 21, 3). En effet, la parfaite actualité d'un être
se marque à ceci, qu'il est capable de produire d'autres êtres
qui lui ressemblent; tout être tend donc à sa propre perfection
en s'efforçant d'être cause d'autres êtres et, par là même, il
tend à se rendre semblable à Dieu (CG. III, 21, 6). Une fois de
plus, admirons comment cette philosophie chrétienne s'appro-
fondit comme philosophie à mesure qu'elle se fait plus chrétienne, car il n'y a rien de ce que la créature est ou fait qui ne
soit en elle une ressemblance divine, mais ce que la créature
fait de plus noble, après être, c'est de vouloir ressembler à Dieu
en causant comme lui d'autres êtres. C'est ce que dit Denys
(*Cœl. hier.*, 3, 2 ; PG. 3, 165) ; le plus divin de tout est de devenir
le coopérateur de Dieu, *omnium divinius est Dei cooperatorem*
| *fieri* ; ou encore, selon la parole de l'Apôtre (I Cor., 3, 9) : 217
Nous sommes les aides de Dieu, *Dei sumus adjutores*.

Ceci est éminemment vrai de l'homme, à travers qui toutes
choses sont ordonnées vers Dieu, mais ce l'est aussi d'une

vérité tout à fait générale, car toutes choses, même les natures
dénuées de connaissance, tendent en fait vers Dieu par leurs
opérations. Dans un monde ainsi fait, la poursuite des fins
propres coïncide avec celle de la fin suprême et tout être
cherche la béatitude en cherchant son propre bonheur.
L'homme seul est capable de savoir qu'il le fait, mais c'est ce
qu'il fait même s'il n'a pas conscience de le faire. Tel est cet
« amour physique » de Dieu dont s'inquiètent seuls ceux qui
ont perdu de vue ce qu'est une nature créée, imprégnée
jusqu'en ses moindres fibres, et dans toutes ses opérations, de
l'efficace divine qui l'habite et en qui elle a vraiment l'être, le
mouvement et la vie.

Comparée aux autres doctrines, celle-ci se tient également
à l'écart d'une métaphysique des essences sans existence et
d'une métaphysique de l'existence sans essences. Elle n'est
aucunement un existentialisme entendu en ce dernier sens.
Tout être y est défini par son essence ; l'homme même y est une
nature dont la liberté se meut entre les limites fixées par les
termes de sa définition : un être vivant dont le mode propre de
connaître est la raison. D'autre part, l'objet propre de la
218 | liberté est d'assurer la réalisation de plus en plus parfaite de
l'essence. Être un animal raisonnable, ce n'est pas simplement
une définition, c'est un programme. De la naissance à la mort,
chaque être humain doit travailler, selon ses possibilités
individuelles, à devenir de plus en plus ce que serait un être
connaissant et agissant en tout selon les lumières de la raison.
Et non seulement pour lui-même, mais aussi bien pour la cité,
puisque la destinée que lui impose sa nature d'être connaissant
ne peut s'accomplir qu'en communion avec d'autres êtres
raisonnables ; cherchant, comme lui-même, à s'actualiser le

plus parfaitement possible dans l'ordre de l'Être et du bien. L'existence s'y déploie donc à partir et à l'intérieur de l'essence, en vue de la réalisation de cette même essence, mais pourtant sur un champ en quelque sorte infini, puisque, par delà la fin singulière qu'elle veut atteindre, elle se trouve en fait orientée vers Celui dont l'essence est l'être même. Être une essence définie ouverte sur l'Acte pur d'être, c'est tout autre chose qu'être une existence sans finalité, une liberté folle s'exerçant dans le vide ; c'est être un étant défini comme une nature, en marche vers la conquête de soi-même, avec la certitude que, si loin qu'elle progresse en cette vie, sa liberté aura toujours du mouvement pour aller plus loin.

Nous vivons en un temps où fleurissent les cosmogonies, fictions scientifiques raisonnables, d'ailleurs passionnantes comme le sont | toujours les produits de l'imagination poétique, **219** même lorsqu'elle se règle sur les connaissances provisoires de l'homme. Ces interprétations intelligibles de l'univers sont autant de romans de la nature où l'entendement se laisse aller à prolonger au-delà de toute vérification concevable des certitudes scientifiques limitées. Ce sont là des démarches naturelles de la raison et les résultats obtenus, bien différents de ceux qu'on obtient en imaginant à partir de données imaginaires, sont des plus précieux. On n'en médit pourtant pas en distinguant ces cosmogonies de ce que sont des lois, ou même des théories scientifiques, expérimentalement vérifiables entre des limites déterminées.

La métaphysique n'a pas plus qualité que la science pour raconter l'histoire de l'univers, car elle-même n'est pas histoire. Centrée sur la connaissance de l'Être en tant qu'être, elle peut dire ce qu'il est, non comment il est progressivement

devenu ce qu'il est. On peut donc interpréter le tableau de la
création de deux manières différentes, et cela sans en modifier
aucun trait. Dans les deux cas, l'univers s'y présente comme
une hiérarchie, et c'est la même hiérarchie, telle qu'elle est
décrite dans le chapitre du *Contra Gentiles*, III, 1, où le tableau
de la nature est tracé selon l'ordre des êtres, depuis Dieu,
perfectus in essendo et causando… et in regendo, jusqu'aux
créatures intelligentes, faites à son image et ressemblance,
puis aux corps célestes | dont la matière est incorruptible, aux
êtres soumis à la génération et à la corruption et enfin, car on
peut l'ajouter à cet ensemble, jusqu'à la matière première elle-
même, concréée par Dieu aux êtres les plus modestes que
compte le monde de la création.

220

L'esprit peut parcourir en deux sens les degrés de cette
hiérarchie : de haut en bas, comme fait Denys dans ses œuvres,
ou de bas en haut, ce qui est la démarche naturelle du philosophe remontant des effets vers la cause jusqu'au moment où
l'esprit s'arrête enfin à la première Cause incausée. La science
la plus moderne ne met pas en question la réalité de cet ordre
hiérarchique où, selon la parole de Comte, les êtres et les disci-
plines qui en traitent se disposent selon un ordre de complexité
croissante et de généralité décroissante. Il s'agit seulement de
savoir si ce tableau décrit une hiérarchie donnée une fois pour
toutes ou si, au contraire, il décrit un résultat obtenu, au cours
d'une histoire millénaire, par une lente évolution, elle-même
interrompue ou non par des révolutions.

La métaphysique n'a pas de réponse à cette question, qui
relève de l'« histoire naturelle » au sens le plus précis de
l'expression. La théologie tient de sa transcendance la compétence requise pour juger de tous les problèmes vus dans une

lumière analogue à celle de la science divine. Il est remarquable que l'Écriture ait présenté le récit de la création comme une histoire. Plus tard, chez Saint Augustin | par exemple, et **221** sans doute sous l'influence de l'immobilisme de la métaphysique grecque, on a jugé bon de tenir le récit de l'œuvre des six jours comme une description imagée, faite pour les esprits simples, de ce qui fut en réalité l'acte simple, instantané, par lequel, en un instant indivisible, Dieu a tout créé à la fois : *creavit omnia simul*. Aujourd'hui, par un curieux retournement de la situation, ce qui semblait naguère encore la vue la plus satisfaisante de l'univers est remplacé par une autre, que domine la notion d'évolution. De quelque manière qu'on entende ce mot, il signifie que le tableau présent de l'ordre des êtres est le résultat d'une longue histoire. On en revient donc au sens littéral obvie, le plus simple et quasi populaire du récit de la Genèse, car il importe peu que les jours soient exactement six, et que ce soient des jours de vingt-quatre heures ou de x milliers de siècles, ce qui compte est le fait même que l'état présent du monde soit l'issue d'une histoire. Or, de cela, le métaphysicien ne sait rien, mais l'astronome, le physicien et le biologiste pensent le savoir, et, si cela est vrai, le théologien ne s'en étonne guère. Il l'apprend sans surprise, parce qu'il l'a toujours su. S'il y a évolution de l'univers, le théologien en connaît l'origine, la loi suprême et le terme à partir de Celui Qui Est, sous la conduite infaillible de la providence divine et habité du dedans par l'efficace de l'Acte pur d'être, l'univers se dirige vers sa fin dernière, qui est | Dieu. La philosophie ne **222** sert que bien peu la théologie touchant la fin dernière du monde et de l'homme ; au-delà des perspectives ouvertes par la science et la métaphysique, il faut ici s'en remettre aux promesses contenues dans la parole de Dieu.

Ces considérations ne représentent ni la théologie de Saint Thomas d'Aquin, ni sa métaphysique, ni, et moins encore, l'ensemble des conclusions qu'il tenait pour vraies en matière de philosophie de la nature. Rien n'y est dit de l'homme, rien de l'éthique ni de la politique. Mais on ne se proposait pas d'en parler. On a seulement désiré mettre en lumière, aussi intensément que possible, un petit nombre de vérités littéralement capitales dont l'intellection est indispensable à celle du reste de la doctrine.

Ces vérités dépendent toutes d'une certaine notion de l'être, propre à Saint Thomas, et hors de laquelle il n'est pas de thomisme vraiment digne de porter ce titre. C'est sur cette notion qu'on a voulu fixer l'attention. C'est elle qu'on a tenté d'éclairer en faisant voir comment s'articulent avec elle certaines autres notions, comme celles de substance ou de cause, qui passent à juste titre pour des principes en métaphysique. Loin d'en poursuivre les applications dans le détail, on a voulu s'en tenir à leur élucidation, étant bien assuré qu'après les avoir une fois comprises le philosophe n'a plus à **223** craindre de s'égarer | dans leur application. Il est vrai que leur application suffit au travail de toute une vie, mais ce travail est une joie, surtout s'il s'accomplit sous la conduite d'un maître tel que Docteur Angélique et suivant une méthode semblable à la sienne. C'est-à-dire, à partir des mêmes principes, compris au sens où il les entendait lui-même, et en interprétant à leur lumière l'univers de l'expérience sensible tel que le connaît la science d'aujourd'hui.

Ces paroles ne seront pas écoutées, sauf de ceux d'entre les Chrétiens pour qui la théologie, non la métaphysique, reste la Sagesse par excellence et la seule Reine des Sciences vraiment digne de ce titre. Tout l'avenir de la philosophie chrétienne dépend d'une restauration attendue, désirée, espérée, de la véritable notion de la théologie, jadis florissante au temps des grands maîtres de la scolastique : Guillaume d'Auvergne, Bonaventure, Albert le Grand, Thomas d'Aquin, Jean Duns Scot et la troupe brillante des esprits de choix qui travaillèrent à la même œuvre. Ceux qui, en la restaurant, craignent de perdre la métaphysique et la science, témoignent simplement que le sens authentique de cette notion leur échappe. C'est en perdant leur théologie qu'ils perdront leur métaphysique. Le malheur du temps veut que les plus intéressés à cette restauration nécessaire de la *sacra doctrina* semblent être aujourd'hui les philosophes, qui n'ont pas autorité ni compétence pour la promouvoir.

| On ne s'improvise pas théologien. La théologie ne **224** s'apprend que sous un maître et cinquante ans de métaphysique ne suffisent même pas à introduire l'apprenti au sens des rudiments de la doctrine. Mais on doit pouvoir au moins lancer un appel. Rendez-nous la théologie telle qu'elle fut lorsqu'elle réalisa la perfection de son essence, car la philosophie chrétienne se condamne à mort dès qu'elle s'en sépare. Ne mettez pas les philosophes chrétiens dans l'embarras d'avoir à défendre ce bien qu'ils désirent, contre certains de ceux qui ont vocation d'en préserver l'héritage et dont ils voudraient l'obtenir. Quant à savoir ce qu'en penseront les philosophes non chrétiens, peu importe. La métaphysique agonise depuis longtemps entre leurs mains ; en fait, ils l'ont

déclarée morte, celles de Platon et d'Aristote tout autant que celle de Saint Thomas d'Aquin; pour ceux de nos contemporains qui veulent la ressusciter, il n'en est pas un qui ne théologise à sa manière. Pourquoi la seule théologie qui se réclame ouvertement de la parole de Dieu hésiterait-elle à prendre elle aussi la parole, et non pas seulement dans l'assemblée des théologiens, mais dans celle des philosophes?

On refusera peut-être de l'écouter; du moins certains le craignent mais cela n'est pas sûr; ce n'est même pas vraisemblable. L'intellect a sa manière à lui de reconnaître la vérité. Dès qu'il l'entend, et avant même de savoir pourquoi, il sait qu'elle est vraie. | C'est que la vérité est le bien de l'intellect et qu'il l'aime pour le peu qu'il en perçoit, avant de la pénétrer en son fond et de vraiment la comprendre. Encore faut-il qu'on la lui fasse entendre, ce que l'on peut toujours faire, si on le veut, car cela ne dépend que de nous. Et puisque l'efficace de l'acte n'est finalement pas en notre pouvoir, tout ce que Dieu demande de nous est que nous fassions entendre sa parole. Quel Chrétien oserait le lui refuser?

BIBLIOGRAPHIE CHOISIE

Les quelques titres qui suivent proposent une base bibliographique sur les thèmes abordés par Gilson dans ce livre (la philosophie chrétienne, l'histoire de la métaphysique, saint Thomas, l'acte d'être, les premiers principes, l'être et Dieu, chrétienté et société).

Les œuvres de Gilson

Chez Gilson lui-même, voici comment se présentent, dans ses autres livres, les thèmes dont celui-ci offre une synthèse. Étant entendu, en premier lieu, que ses grandes monographies (Augustin, Bernard de Clairvaux, Abélard et Héloïse, Bonaventure, Duns Scot, Dante, Descartes, toutes chez Vrin) dépassent le présent cadre, tout en incarnant chacune un aspect de la « philosophie chrétienne »; et, en second lieu, qu'une part importante de son œuvre, notamment sur les présents thèmes, est en anglais.

Le Thomisme, Paris, Vrin, 1965 [6] (c'est cette 6e édition qui est requise, attendu que l'auteur a passé sa vie à réécrire l'ouvrage), offre un exposé d'ensemble, le plus riche pour ce qui concerne saint Thomas. Les premiers chapitres sont décisifs : le philosophe et le croyant, les philosophies de l'essence, L'Être divin, la réforme thomiste... À noter que la découverte de l'acte d'être par Gilson date la 4ᵉ édition (1942).

L'esprit de la philosophie médiévale, Paris, Vrin, 1932. Antérieur à une telle découverte de l'acte d'être, mais un grand livre pour les thèmes qu'il aborde (la philosophie chrétienne, la métaphysique de l'Exode, l'optimisme chrétien, la providence, le personnalisme, l'intellect et l'amour, la morale, etc.).

Le philosophe et la théologie, Paris, Vrin, 1960. Une autobiographie intellectuelle d'un intérêt exceptionnel, contemporaine de cette *Introduction*, avec notamment plusieurs chapitres sur la philosophie chrétienne et « l'art d'être thomiste ».

Quoique ne portant pas seulement sur Thomas mais sur toute l'histoire de la métaphysique, *L'être et l'essence*, Paris, Vrin, 1948 (2ᵉ édition 1962 augmentée du commentaire sur Heidegger), offre une puissante lecture du destin de la philosophie de l'être et de l'exception thomasienne, à savoir, bien sûr, l'acte d'être. C'est l'un des plus grands livres de métaphysique du XXᵉ siècle.

Constantes philosophiques de l'être, Paris, Vrin, 1983. Suite posthume du précédent. Expose notamment de façon détaillée le problème des premiers principes, et revient sur l'être et Dieu, les transcendantaux, le Nom divin.

L'athéisme difficile, Paris, Vrin, 1979, suite et fin des deux précédents, avec un « plaidoyer pour la servante », la philosophie.

« Éléments d'une métaphysique thomiste de l'être », *AHDLMA* 40 (1973), p. 7-36 ; repris dans *Autour de saint Thomas*, Paris, Vrin, 1986. Cet article de référence se présente comme un fichier raisonné et commenté des citations thomasiennes sur l'être.

Christianisme et philosophie, Paris, Vrin, 1935, confronte la philosophie à, respectivement, la nature, le calvinisme, le catholicisme, la théologie.

Le réalisme méthodique, Paris, Téqui, 1935 [1], 2007 [2]. Célèbre pour son chapitre V, le *Vade mecum du débutant réaliste*, qui oppose les épistémologies réaliste (aristotélicienne ou thomiste) et critique (kantienne).

Réalisme thomiste et critique de la connaissance, Paris, 1939, offre une reprise du thème précédent, il montre l'impossibilité d'un « réalisme critique ».

Thomas d'Aquin. Textes sur la morale, traduction et commentaire par É. Gilson, 1925 [1], nouvelle édition par R. Imbach, Paris, Vrin, 2011. Les textes sont choisis et commentés, une introduction à la morale par les textes.

Pour un Ordre Catholique, Paris, DDB, 1934, « Sur la politique chrétienne et l'ordre social qu'elle implique, l'Église nous fournit des principes ».

Les métamorphoses de la cité de Dieu, Paris, Vrin, 1952 [1], 2005 [2]. Une réflexion sur les deux cités, terrestre et céleste, et sur « la notion de chrétienté ».

Les tribulations de Sophie, Paris, Vrin, 1967. Le témoignage d'une période bouleversée : « Le désordre envahit aujourd'hui la chrétienté ».

Linguistique et philosophie. Essai sur les constantes philosophiques du langage, Paris, Vrin, 1969.

God and Philosophy, Yale, Yale University Press, 1941, dont « God and christian Philosophy ».

Being and some Philosophers, Toronto, Pontifical Institute of Mediaeval Studies, 1949 [1], 1952 [2].

Elements of Christian Philosophy, New York, Doubleday & Company, 1960.

Lettres de monsieur Étienne Gilson au père de Lubac et commentées par celui-ci, Paris, Le Cerf, 1986, documents précieux, notamment sur les avatars du thomisme, la philosophie chrétienne.

GILSON É.-MARITAIN J., *Correspondance 1923-1971*, G. Prouvost (éd.), Paris, Vrin, 1991. Pour méditer sur les débats et les recherches de deux grandes intelligences thomistes du XXe siècle, sur la philosophie chrétienne et sur l'acte d'être.

Ouvrages sur Gilson

Outre les biographies en anglais signalées dans notre Présentation, on consultera l'édition 2011 de *Thomas d'Aquin. Textes sur la morale*, par Ruedi Imbach (cf. *supra*), qui inclut un excellent guide de lecture bio-bibliographique, plus complet que celui-ci concernant saint Thomas, surtout en éthique, ainsi que sur Gilson lui-même.

Autour d'Étienne Gilson. Études et documents, numéro spécial de la *Revue thomiste* 94/3 (1994), avec notamment les correspondances de Gilson avec Henri Gouhier et le P. Michel Labourdette. Pour celle de Gilson et du P. Chenu, *cf.* F.A. Murphy, *Revue thomiste* 95/1 (2005), p. 25-85.

COURATIER M. (éd.), *Étienne Gilson et nous : la philosophie et son histoire*, Paris, Vrin, 1980, ce collectif universitaire revient sur les idées maîtresses de Gilson.

DONNEAUD H., « Étienne Gilson et Maurice Blondel dans le débat sur la philosophie chrétienne », *Revue thomiste* 99/3 (1999), p. 497-516.

GOUHIER H., *Étienne Gilson. Trois essais : Bergson, La philosophie chrétienne, L'art*, Paris, Vrin, 1993. Le deuxième, « Étienne Gilson et la notion de philosophie chrétienne », p. 37-73, présente les facettes de la position de Gilson.

MARITAIN J. *et alii*, *Étienne Gilson, philosophe de la chrétienté*, Paris, Le Cerf, 1949, une douzaine d'articles d'hommage.

MICHEL F., *La pensée catholique en Amérique du Nord. Échanges intellectuels et échanges culturels entre l'Europe, le Canada et les États-Unis (années 1920-1960)*, Paris, DDB, 2010. Ce livre permet d'en apprendre sur le Gilson d'Outre-Atlantique, sa fondation de Toronto, ses démêlés intellectuels, et son désir de nouvelle chrétienté dans le Nouveau Monde.

REDPATH P.A. (éd.), *A thomistic Tapestry. Essays in Memory of Étienne Gilson*, New York, Rodopi, 2003.

À noter aussi, VIGNAUX P., le disciple, miroir inversé de Gilson, *Philosophie au Moyen Âge*, Paris, Vrin, 1958 [1], 2004 [3] (nouvelle édition présentée par R. Imbach), qui privilégie non plus le support théologique de la philosophie médiévale mais l'identité philosophique des textes théologiques.

Textes thomasiens sur ces sujets

Thomas n'a certes pas discouru sur la « philosophie chrétienne » désignée comme telle. Toutefois, les textes thomasiens suivants la fondent et sont faciles d'accès en français.

I. Sur le rapport entre philosophie et théologie, la sagesse chrétienne.

Somme de théologie, Première Partie, Question 1 (sur la « doctrine sacrée » et son rapport à la philosophie) ; *Ia-IIæ*, qu. 1-16 (sur la connaissance de foi).

Somme contre les Gentils, C. Michon *et alii* (éd.), Paris, GF-Flammarion, 1999, 4 vol. : livre I, chap. 1-9 (l'office du sage chrétien) ; II, chap. 4 (le philosophe et le théologien étudient les créatures d'un point de vue différent) ; et IV, chap. 1 (théologie et philosophie, connaissances descendante et montante).

Les raisons de la foi, G. Emery (éd.), Paris, Le Cerf, 1999.

Proèmes philosophiques, J.-B. Échivard (éd.), Paris, Parole et Silence, 2007 (ces textes exposent les principes de méthode thomasiens en philosophie, selon les sciences étudiées).

II. L'être et Dieu, l'analogie, les noms divins.

Somme de théologie, Première Partie, par exemple Questions 2 (l'existence de Dieu), 3 (sa simplicité), 12 (la connaissance que nous avons de lui) et 13 (les noms divins, représentation et signification).

Somme contre les Gentils, livre I, chap. 10-36 (la voie négative qui préside à la connaissance de Dieu, l'acte d'être divin); livre III, chap. 49 (nous sommes unis à Dieu comme à un inconnu).

Abrégé de théologie, J.-P. Torrell (éd.), Paris, Le Cerf, 2007 (chap. 1-35, sur l'être divin).

Malheureusement, le *Commentaire des noms divins de Denys* de saint Thomas, qui traite directement de ces thèmes, attend toujours son édition critique et une traduction française.

III. La création, la providence.

Somme de théologie, Première Partie, Questions 22 (la providence, où Dieu nous donne la dignité de la causalité) et 23 (la prédestination, qui désigne une réalité dans celui qui prédestine, pas dans les prédestinés) et 44-49 (la création).

Somme contre les Gentils, livre II, chap. 1-46 (la création) et III, chap. 1-113 (la providence).

Thomas d'Aquin et la controverse sur l'éternité du monde, C. Michon *et alii* (éd.), Paris, GF-Flammarion, 2004.

Commentaire du Livre des Causes, B. et J. Decossas (éd.), Paris, Vrin, 2005 (sur la métaphysique de la participation et sa reprise transformée par Thomas du néoplatonisme issu de Proclus).

Questions disputées sur la vérité, V (la providence) et VI (la prédestination), J.-P. Torrell et D. Chardonnens (éd.), Paris, Vrin, 2011.

Ouvrages d'introduction à saint Thomas

En dépit de ses prétentions à l'universel et à l'éternité, la métaphysique voit les ouvrages qui lui sont consacrés vieillir vite, surtout ceux qui se rangent sous la catégorie des manuels.

BONINO S.-Th. (dir.), *Thomistes. Ou de l'actualité de saint Thomas d'Aquin*, Paris, Parole et Silence, 2003, sujets à dominante théologique, par une nouvelle génération de chercheurs, rassemblés autour de la *Revue thomiste*.

ÉCHIVARD J.-B., *Une introduction à la philosophie. Les proèmes des lectures de saint Thomas d'Aquin aux œuvres principales d'Aristote*, Paris, François-Xavier de Guibert, 5 volumes, 2003-2008.

ELDERS L., *La métaphysique de saint Thomas d'Aquin dans une perspective historique*, Paris, Vrin, 1994.

– *La théologie philosophique de saint Thomas d'Aquin. De l'être à la cause première*, Paris, Téqui, 1995.

GARDEIL H.-D., *Initiation à la philosophie de Saint Thomas d'Aquin* en 2 volumes, Paris, Le Cerf, 2007. Marqués par leur époque (1952), par exemple pour l'analogie, ces livres ont l'avantage de présenter les textes. Manque l'éthique.

HUMBRECHT Th.-D., *Lire saint Thomas d'Aquin*, Paris, Ellipses, 2007, 2e édition mise à jour et augmentée, 2009 (introduction synthétique à la philosophie de saint Thomas, et aussi aux rapports entre philosophie et théologie).

– (dir.), *Saint Thomas d'Aquin*, Paris, Le Cerf, 2010, avec vingt et un contributeurs, propose un panorama de la pensée philosophique de saint Thomas, notamment en métaphysique.

IMBACH R. et OLIVA A., *La philosophie de Thomas d'Aquin. Repères*, Paris, Vrin, 2009. Un « guide de voyage » qui souhaite offrir des repères, à savoir des « marques servant à retrouver un lieu » : brève biographie de l'auteur, aperçu synthétique des idées et des arguments philosophiques, présentation de treize œuvres majeures de l'auteur. Un ensemble précis, dans une perspective historique et universitaire.

MARGELIDON Ph.-M. et FLOUCAT Y., *Dictionnaire de philosophie et de théologie thomistes*, Paris, Parole et Silence, 2011. Un ouvrage de référence et de consultation.

PATFOORT A., *La Somme de saint Thomas et la logique du dessein de Dieu*, Paris, Parole et Silence, 1998 : excellente entrée dans la théologie de Thomas.

TORRELL J.-P., *Initiation à saint Thomas d'Aquin, Sa personne et son œuvre*, Paris, Le Cerf, 1993, 2002²; suivi d'un tome 2, *Saint Thomas, maître spirituel*, Paris, Le Cerf, 1996, 2002². Cette *Initiation* est en fait la présentation historique la plus au point tant de la vie de Thomas que de la rédaction de ses œuvres. Le tome 2 offre une excellente exposition de la théologie thomasienne.

–*Théologie et spiritualité*, suivi de *Confessions d'un « thomiste »*, Paris, Le Cerf, 2009, un tout petit mais précieux livre, qui donne l'esprit des choses, tant sur Thomas que sur ceux qui l'étudient.

Ouvrages d'approfondissement

BONINO S.-Th., *Thomas d'Aquin, De la vérité, Question 2 (la science en Dieu)*, introduction, traduction et commentaire, Fribourg-Paris, Éditions Universitaires Fribourg-Le Cerf, 1996.

BOULNOIS O., *Être et représentation, Une généalogie de la métaphysique moderne à l'époque de Duns Scot (XIIIᵉ-XIVᵉ siècles)*, Paris, PUF, 1999.

CHARDONNENS D., *L'homme sous le regard de la Providence. Providence de Dieu et condition humaine selon l'*Exposition littérale sur le Livre de Job *de Thomas d'Aquin*, Paris, Vrin, 1997.

CLAVIER P., *Ex Nihilo*, Paris, Hermann, 2011, vol. 1 : *L'introduction en philosophie du concept de création*, vol. 2 : *Scénarios de « sortie de la création »*.

COURTINE J.-F., *Inventio analogiæ. Métaphysique et ontothéologie*, Paris, Vrin, 2005.

DONNEAUD H., *Théologie et intelligence de la foi au XIIIe siècle*, Paris, Parole et Silence, 2006.

EMERY G., *La théologie trinitaire de saint Thomas d'Aquin*, Paris, Le Cerf, 2004.

FABRO C., *Participation et causalité selon s. Thomas d'Aquin*, Louvain, Publications Universitaires de Louvain-Nauwelaerts, 1961 (édition italienne 1939[1], 1950[2]).

GEIGER L.-B., *La participation dans la philosophie de saint Thomas d'Aquin*, Paris, Vrin, 1942[1], 1953[2].

HUMBRECHT Th.-D., *Théologie négative et noms divins chez saint Thomas d'Aquin*, Paris, Vrin, 2006.

– *Trinité et création au prisme de la voie négative chez saint Thomas d'Aquin*, Paris, Parole et Silence, 2011.

KRETZMANN N. et STUMP E. (dir.), *The Cambridge Companion to Aquinas*, Cambridge, Cambridge University Press, 1993.

LIBERA A. de, *Raison et foi. Archéologie d'une crise d'Albert le Grand à Jean-Paul II*, Paris, Seuil, 2004.

— et ZUM BRUNN É. (éd.), *Dieu et l'être. Exégèses d'*Exode *3, 14 et de* Coran *20, 11-24*, Paris, Études Augustiniennes-Centre d'Études des Religions du Livre (CERL), 1978.

— *Celui qui est. Interprétations juives et chrétiennes d'*Exode *3-14*, Paris, Le Cerf, 1986.

MARION J.-L., *Dieu sans l'être*, Paris, PUF, 1982[1], 2002[3].

MCINERNY R. (éd.), *New Themes in Christian Philosophy*, Notre Dame-London, University of Notre Dame Press, 1968.

MONTAGNES B., *La doctrine de l'analogie de l'être d'après saint Thomas d'Aquin*, Louvain, Nauwelaerts, 1963[1]; Paris, Le Cerf, 2008[2], présentation Th.-D. Humbrecht. Réédition d'un grand livre sur l'analogie, enjeu majeur de la métaphysique, postérieur à l'essentiel des travaux de Gilson, mais en concordance avec ses intuitions, puisque procédant d'un enquête historique rigoureuse, sur la totalité et la chronologie des textes thomasiens sur le sujet.

PALUCH M., *La profondeur de l'amour divin. La prédestination dans l'œuvre de saint Thomas d'Aquin*, Paris, Vrin, 2004.

WHITE Th.J., *Wisdom in the Face of Modernity. A Study in Thomistic Natural Theology, Ave Maria*, Florida, Sapientia Press, 2009.

WOHLMAN A., *Thomas d'Aquin et Maïmonide, un dialogue exemplaire*, Paris, Le Cerf, 1988.

WIPPEL J.F., *The Metaphysical thought of Thomas Aquinas. From Finite Being to Uncreated Being*, Washington, The Catholic University of America Press, 2000. Peut-être le meilleur exposé actuel sur la métaphysique de Thomas d'Aquin.

Saint Thomas au XXe siècle. Actes du colloque du Centenaire de la « Revue thomiste », S.-T. Bonino (éd.), Paris, Saint-Paul, 1994 (avec, notamment, « le cas Gilson »).

Saint Thomas et l'onto-théologie, numéro spécial de la *Revue thomiste* 94/1 (1994).

TABLE DES MATIÈRES

ACHEVÉ D'IMPRIMER
EN   JUIN   2011
PAR L'IMPRIMERIE
DE LA MANUTENTION
A MAYENNE
FRANCE
N° 675560U

Dépôt légal : 2ᵉ trimestre 2011